중대재해처벌법
백문백답

산업현장에서 꼭 알아야 할 **중대재해처벌법**의 모든 것

중대재해처벌법 백문백답

법무법인YK 중대재해센터 지음

좋은땅

발간사

저희 법무법인YK의 중대재해센터에서 「중대재해처벌법」 해설 책자를 발간하게 된 것을 진심으로 축하하면서 큰 의미를 부여하고 싶습니다.

저희 중대재해센터는 그간 많은 중대재해 사건을 처리하면서 현행 법령의 모호성, 타 법령과의 체계적 위치 등에 관한 많은 숙고를 하게 되었고, 그 결과 이 책자를 발간하게 되었습니다.

「중대재해처벌법」이 시행된 지 1년 8개월이 되었습니다. 법 시행 전까지 우리나라는 OECD 국가들 중에서도 해마다 800명가량의 사망사고가 발생하는 등 안전불감증이 최하위권에 머문다는 비판이 있어 왔고, 법 시행 이후로도 여전히 노동현장은 물론 사회적 재해사건으로 인하여 사망 및 상해 등 인명피해가 끊이지 않고 있는 것이 현실입니다.

이제 「중대재해처벌법」의 시행 및 이에 따른 하급심 재판 실무에서도 안전불감증을 불식시키고자 하는 노력이 실형 선고로 이어지는 등 중대재해에 대한 사회적 각성도 가시화되고 있습니다.

모쪼록 이 책자가 중대재해 사건을 처리하는 실무가들과 해당 영역에서 활동하시는 분들에게 조금이나마 도움이 되기를 바랍니다.

끝으로 이 책자의 발간에 애써 주신 법무법인YK의 중대재해센터 관계자 모두에게 깊은 감사와 존경의 마음을 표합니다. 감사합니다.

법무법인YK 대표변호사 이기선

발간사

「중대재해처벌법」이 시행되고 많은 일이 있었습니다. 중대재해 수사를 진행하는 노동청에 영상녹화 조사실이 마련되고 수사 절차를 정비하고, 고용노동부가 주체가 되어 '중대재해처벌법령 개선 태스크포스(TF)'가 꾸려지기도 했습니다. 노동청이 영장집행의 주체가 되는 압수수색 영장의 발부가 많아졌으며, 수많은 기업과 기업의 안전 담당자들이 「중대재해처벌법」에 관심을 기울이고 있습니다. 중대재해 감축 로드맵을 통해서 위험성 평가와 예산 편성 등에 대한 지속적인 논의가 이어져 오고 있습니다.

산업 혁명 이래 근로자의 건강과 안전을 배려하면서 사업장 환경을 조성하는 것은 모든 기업의 책무가 되어 왔습니다.

세계적인 추세를 살펴보아도 기업의 사전적 안전보건 체계 구축과 이에 불구하고 발생한 사고에 대한 대응 내지 제재의 방식은 매우 다양하며, 국가 정책에 대한 기업의 관여 내지 실행에 대한 관여 등의 정도에 있어서 다른 양상을 보이고 있습니다.

다시 우리나라에서의 논의로 돌아와 「중대재해처벌법」 시행 이후 발생한 사고 등과 관련하여 기업의 경영책임자가 실형을 선고받고 법정구속되는 사례가 발생했는가 하면 등기상 대표이사가 전원 외국인인 사안에서 CSO를 경영책임자로 본 사안도 나왔습니다. 그리고 대다수의 기업이 반가워할 사안으로 「중대재해처벌법」 피의사건에 대하여 무혐의 처분 사례들이 나오고 있습니다.

중대재해처벌법 백문백답

무혐의 처분을 받은 사안의 사실관계를 들여다보면 평소 관여 당사자 모두가 안전보건체계의 구축과 관리에 있어서 충분히 소통하고 논의를 이어간 공통점을 찾아볼 수 있으며, 처벌규정에 따른 각호 사유와 관련하여 실체적인 사실관계에 따라 다른 법적 평가가 존재함을 다시 한번 확인하게 됩니다.

이번에 법무법인YK에서 준비한 본 책자가 「중대재해처벌법」에 관심을 갖는 모든 분들께 쉽고 편하게 찾아볼 수 있는 책, 내가 지금 이 자리에서 안전에 왜 관심을 가져야 하는가에 대한 답을 줄 수 있는 책, 출근길에 읽고 퇴근길에 또 읽어 보고 싶은 책이 되기를 간절히 바랍니다.

법무법인YK 중대재해대응센터장, 변호사 조인선

끊이지 않고 발생하는 대형 산업재해를 획기적으로 줄이기 위해서는 기업에게 보다 강력한 안전보건 조치를 요구하는 법률 제정이 필요해짐에 따라 안전보건관리체계를 구축하도록 하고 이를 위반하여 중대재해가 발생한 경우 경영책임자등을 처벌하는 「중대재해처벌법」이 2021년 1월 26일 제정되고 1년이 경과한 2022년 1월 27일부터 시행되고 있습니다.

「중대재해처벌법」이 시행된 지 1년여가 지났으나 아직 산업재해 감소라는 가시적 성과는 보이지 않고 있습니다. 하지만 대기업을 중심으로 경영책임자의 산업안전에 대한 관심이 높아지고 산업안전 분야의 조직과 인력, 예산을 확충하는 등 산업안전에 대한 토대가 마련되고 있다는 점은 긍정적으로 평가됩니다. 이와는 달리 영세한 중소기업들은 예산과 인력, 법률 지식 부족 등으로 여전히 법적 의무를 준수하기 어려운 상황인 것으로 보입니다.

「중대재해처벌법」 제정 당시부터 기업과 전문가들은 이 법이 가진 법률적 모호성에 대해 많은 문제를 제기해 왔습니다. 그간 많은 법 해설서가 나왔음에도 불구하고 아직 판례가 충분히 쌓이지 않아 법령의 내용에 대한 구체적인 해석이 부족하여 산업현장에서는 여전히 법을 정확하게 이해하고 이행하는 데 많은 어려움을 겪고 있습니다.

법무법인YK 중대재해대응센터는 산업현장에서 「중대재해처벌법」을 보다 정확하고 쉽게 이해하는 데 도움을 드리고자, 현장의 담당자들이 궁

금해하는 질문에 대한 답변 100여 건을 체계적으로 정리하여 책자를 발간하게 되었습니다.

아무쪼록 이 책을 통해 산업현장에서 법을 정확하게 이해하고 법의 취지에 맞게 이행함으로써 산업재해가 획기적으로 줄어들어 안전하고 건강한 산업현장이 될 수 있기를 기대해 봅니다.

법무법인YK 고문 조재정

추천사

「중대재해처벌법」 도입은 우리 사회에 커다란 영향을 미쳤습니다. 법인의 대표이사가 가지는 위상과 의미가 남다른 우리나라에서 중대재해에 대해 법인의 대표이사 또는 그에 준하는 경영책임자를 형사처벌 한다는 것은 기업에 상당한 위협이 될 만했습니다. 그동안 산재사고에 대하여 경영책임자에 대한 형사처벌은 상대적으로 관대한 편이었기 때문에 「중대재해처벌법」의 전격적 도입은 더 큰 충격을 준 것 같습니다.

이러한 충격은 곧바로 기업의 대응을 이끌어 냈습니다. 안전조직을 갖추고 안전예산을 편성하는 등 안전경영체계를 구축하기 시작했습니다. 대대적인 안전진단과 점검도 이루어졌습니다. 한마디로 그동안 소홀히 해왔던 안전을 들여다보기 시작한 것입니다. 문제를 들여다보기 시작하자 수많은 질문이 쏟아져 나왔습니다. 그러나 누구도 그 질문들에 명쾌한 답을 제시하지도, 할 수도 없었습니다. 기존의 「산업안전보건법」이 지시-통제형 규제 방식(command-control regulation)이었다면 「중대재해처벌법」은 성과 중심의 규제 방식(performance based regulation)이기 때문입니다.

「산업안전보건법」은 하라는 것과 그 이행 및 준수 여부도 비교적 명확하게 판단할 수 있었습니다. 「중대재해처벌법」은 사고가 발생했을 경우 경영책임자가 안전관리 책임을 다했는지 포괄적이고 종합적으로 판단하겠다는 취지를 바탕으로 하고 있습니다. 따라서 「중대재해처벌법」은 하라는 것이 무엇인지 모호하다는 불만이 나오는 것은 어쩌면 당연한 일일 것입니다. 그동안 「산업안전보건법」 체제에 익숙한 우리나라 기업이 이와 같은 새로운 법체계로 인하여 충격과 혼란을 받는 것도 마찬가지입니다. 이 충격과 혼란은 현재 진행형이며, 앞으로도 한동안 계속될 것입니다.

새로운 법체계에 도입되면 그 법을 준수해야 하는 사업장에서는 그에 걸맞은 해설과 설명이 절실합니다. 그동안 「중대재해처벌법」에 관한 책들이 여럿 발간되어 도움을 주었으나 법리를 설명하거나 법령을 해설하는 것이 대부분이었습니다. 이번에 법무법인YK에서 발간한 『중대재해처벌법 백문백답』은 법의 시행 과정에서 현장의 생생한 경험과 실무자들의 질문을 바탕으로 현장에서 필요한 사항과 궁금한 점에 대해 문답식으로 깔끔하게 정리한 것으로, 현장 실무자들의 갈증을 해소하고 실무에 큰 도움을 줄 것으로 기대가 됩니다.

이 책은 현장 실무자들만 필요한 것이 아닙니다. 경영책임자나 정책 입안자, 심지어는 학문을 연구하는 자도 읽어 볼 만한 가치가 충분히 있다고 생각합니다. 현장에서 받은 질문과 답변을 통해 현장에서는 이 법이 어떻게 받아들여지고 있고, 어떤 점을 고민하고 있는지 이 책을 통해 생생하게 들여다볼 수 있기 때문입니다.

안전은 이론만큼이나 현실과 현장이 중요합니다. 많은 분이 읽고, 현장에서 중대재해를 예방하는 데 일조가 되었으면 좋겠습니다.

한성대학교 교수 박두용

목차

I 법무법인YK 소개

II 중대재해처벌법 주요 내용

III   중대재해처벌법 Q&A

I.

법무법인YK 소개

1

법무법인YK 현황

□ 연혁

2023
변호사 200인 체제/서울 북부·평택·춘천·천안·순천·제주·구미·포항·목포·진주 분사무소 개소/주사무소 강남 이전/전국 26개 사무소

2022
변호사 150인 체제/업계 11위

2021
창원·청주·부천·고양·의정부·전주 분사무소 개소/수원 분사무소 사무실 확장

2020
법무법인YK 사명 변경/부산·대구·수원·인천·안산·광주·울산 분사무소 개소/공익 사단법인 '옳음(ORUM)' 출범/변호사 75인 체제

2019
6년 연속 머니투데이 소비자만족도 대상 수상/검경 경력 변호인팀 '유앤파트너스' 발족/변호인 35인 체제/부동산건설센터 개설/제반 컨설팅 업무 MOU 개설

2018
지식재산센터 사무실 확장/한국디지털포렌식센터 MOU 체결/가사·상속전담센터 사무실 확장/경찰·학폭위팀 개설

2017
다사랑희망캠페인 협약 체결/노사공감(HR)센터 개설/공감경영대상 'CEO상' 수상

2016	동아일보 2016 국가 소비자중심브랜드 대상/한경일보 2016 소비자만족지수 1위/머니투데이 소비자만족도 대상 3년 연속 1위/중앙일보 2016 고객감동 우수 브랜드 1위
2015	2015 소비자가 뽑은 법률서비스 형사부문 1위/머니투데이 고객만족도 형사법률 서비스 2년 연속 대상/부스러기 사랑 나눔회 '빈곤가정 법률상담 지원' 업무제휴 협약
2012 ~2014	YK법률사무소 설립/이혼·가사 분야 확장/의료 분야 확장/네이버 지식iN 우수상담 변호사 선정/성범죄전문센터 개설/사무실 확장 이전

□ 법무법인YK 업무 분야

 중대재해

2022년 1월 「중대재해처벌법」 시행으로 산업안전 제반 법률문제에 관한 점검 필요성이 커짐에 따라 보다 체계적이고 전문적인 법률 서비스를 제공하기 위해 '중대재해전국센터'를 설립했습니다. YK중대재해센터는 '변호사가 산재현장을 직접 찾아 확실한 초동조치를 하는 기민함'에 그 차별점이 있습니다. 전국 26곳의 실무 경험이 풍부한 인재가 사고 당일부터 현장에 가서 업무상 과실치사상 관련 관할 경찰서의 조사에 대응하고, 「중대재해처벌법」, 「산업안전보건법」 관련 수사권을 가진 노동청 감독관과 소통하며 적극적인 활동을 벌이고 있습니다. 「중대재해처벌법」 관련

사내 산업안전 보건체계 구축, 현장 실사를 통한 추가 조력, 중대재해 발생 시 노동청·경찰 수사 단계에서 피의자 조력, 중대재해를 입은 피해자들의 고소 대리, 민사소송 등의 법률 서비스를 제공합니다.

 HR

YK노동법률센터 '노사공감'은 인사·노무에 관한 풍부한 실무 경험과 전문 지식을 갖춘 변호사들이 탁월한 팀워크를 발휘해 의뢰인에게 신속하고 정확한 법률 서비스를 제공합니다. 인사·노무관리 컨설팅, 노동청 진정·고소, 노동위원회 각종 신청 절차, 민사·형사·행정소송 대응 등 여러 노사문제의 처음부터 끝까지 YK노사공감센터가 의뢰인의 곁을 지키는 든든한 조력자가 되어 드립니다.

기업자문(금융 M&A 및 조세)

YK기업법무팀은 산업과 법 그리고 기업 금융 모두에 능통한 실무형 변호사들이 기업 고객을 위한 종합 서비스를 신속하게 제공합니다. 대기업, 금융회사, 국세청, 변리사 등 여러 분야에서 오랫동안 전문성을 쌓아 온 변호사들이 하나의 팀을 이뤄 회사 운영 시 발생하는 각종 법률문제, 투자유치, 상장 등에 대해 맞춤형 법률 서비스를 제공하고 있습니다. 또 「자본시장법」, 「공정거래법」, 「부정경쟁방지 및 영업 비밀 보호에 관한 법률」, 「상표권/저작권/디자인권/특허권」 등 지식재산 분쟁, 「가맹사업법」 등 여러 분야에서 깊이 있는 자문 서비스를 제공하고 있습니다.

YK기업자문(금융 M&A 및 조세)팀은 회사 관련 각종 민·형사 소송에서 냉철한 쟁점 분석을 기반으로 단계별 대응 전략을 제시하며 적극적으로 소송을 수행하고 있습니다.

 형사

YK형사센터는 수사와 재판 경험이 풍부한 경찰, 검찰 경력 전문가들을 주축으로 기업 범죄, 업무상 횡령 등 재산 범죄, 성범죄 등 모든 형사사건의 절차 전반에 관한 법률적 조력을 제공하고 있습니다. 수사 실무 경험이 풍부한 경찰 경력 변호사, 전문위원들로 구성된 경찰 대응팀을 출범해 초기 수사 단계부터 대처하고 있습니다. 검찰 조사와 법원 심리에 대응하기 위해 법원, 검찰 경력 변호사들이 팀을 이뤄 전문적이고 종합적인 변론으로 고객 수요를 충족하고 있습니다.

YK형사센터는 5천여 건 이상의 성공 사례를 바탕으로 형사사건의 모든 분야에 대한 효율적인 대응 전략을 데이터베이스화했습니다. 이를 기반으로 고객이 형사 문제에 직면한 그 순간부터 만족할 만한 결과가 도출되는 마지막 순간까지 누구도 따라올 수 없는 법률 서비스를 제공합니다.

 군형사

YK군형사징계센터는 국방부와 각 군의 군사법원·군검찰단 경력 변호사 형사와 군형사 전문변호사가 사건마다 TF팀을 구성해 치밀한 계획을 통한 사건 분석과 해결 능력으로 의뢰인이 원하는 결과를 도출하고 있습니다. 노하우를 바탕으로 사건을 다각도로 검토해 사실관계와 법리적인 측면을 완벽히 장악하고 있으며, 수사 단계부터 공판 단계에 이르기까지 의뢰인을 위해 열성적인 변론 활동을 펼쳐 많은 성공을 거뒀습니다. YK 군형사징계센터는 앞으로도 의뢰인의 권익 보호와 사건 해결을 위해 최선을 다할 것입니다.

 경찰대응

YK경찰대응팀은 최근의 수사권 조정 이후 경찰 수사 단계에서의 초기 대응 필요성의 중대에 따라 경찰 일선에서의 다년간의 경험과 탄탄한 실무 능력으로 무장한 경찰 경력 변호사 등 수사 전문가들로만 구성되어 있습니다. 수년간의 경험을 통해 축적된 YK만의 형사사건 대응 노하우와 전국사무소들과의 유기적인 협력을 바탕으로, 초기 수사 단계에서 공판 단계에 이르기까지 의뢰인에 대한 빈틈없는 조력을 약속합니다.

 부동산/건설

YK부동산건설센터는 복잡하고 까다로운 부동산, 건설 관련 분쟁에 대해 변호사들이 다년간의 경험과 노하우를 바탕으로 고객 편에서 종합적인 법률 서비스를 제공하고 있습니다. 사전 분석, 상담, 자문, 분쟁 대응에 이어 사후 관리까지 의뢰인의 비즈니스가 계속되는 동안 YK부동산건설센터가 함께합니다.

YK부동산건설센터는 공사대금 청구 등 공사 분쟁, 건축설계 분쟁, 건축하자 분쟁, 집합건물 입주자대표회의와 관리단 분쟁, 부동산 인도와 임대차 분쟁, 부동산 매매 자문, 명의신탁 분쟁, 부동산 금융 등 여러 업무 분야에서 효과적인 전략을 제시해 고객들로부터도 신뢰와 명성을 얻고 있습니다. 의뢰인의 만족을 최우선으로 하는 '고객중심주의' 정신과 탁월한 소송 능력을 바탕으로 고객의 소중한 재산과 권리를 지켜 드리겠습니다.

 민사/행정

YK민사·행정센터는 풍부한 경험을 지닌 변호사들이 주축이 돼 손해배상, 민사·상사 분쟁, 행정소송 사건에서 수준 높은 법률 서비스를 제공합니다. 특히 교통사고·산재·의료사고와 관련된 손해배상, 대여금·부당이득반환청구, 사해행위 취소, 면허취소·영업정지 등 각종 처분에 대한 행정심판과 소송 사건에서 인재를 적재적소에 배치해 사건 해결에 최선을 다하고 있습니다.

오랜 기간 축적한 승소전략과 대규모 전문가 집단의 역량을 바탕으로 냉철한 쟁점 분석, 단계별 대응 전략 제시를 통해 의뢰인에게 밀도감 있는 법률 서비스를 제공합니다. 손해배상·행정법, 교통사고, 의료 사건에서 수년간 실력을 쌓아 온 YK민사 행정센터의 전문변호사가 의뢰인의 평온한 일상 회복을 위해 곁에서 최선을 다할 것을 약속드립니다.

 해양

YK해양법무센터는 선주, 선주상호보험조합(P&I Club), 해상보험회사, 수산업에 종사하는 어업 종사자 등 다양한 의뢰인을 위한 맞춤형 법률 서비스를 제공하고 있습니다.

바다에 인접한 인천, 부산을 포함한 전국 26개 도시의 관련 분야 전문가들로 구성된 YK해양법무센터는 선박충돌, 선박침몰, 유류오염, 선박·적재화물 탈취, 선원 근로계약·재해보상문제와 같은 각종 선원분쟁 등 여러 분야에서 신속하고 정확한 법률 서비스를 제공합니다.

또한 형사·노동 전문변호사, 법원·검찰 경력 변호사, 해양경찰 경력 전문위원 등 해상 분야에 특화된 전문가들의 유기적인 협업 시스템을 갖추고 있습니다.

YK해양법무센터는 풍부한 실무 경험과 노하우를 바탕으로 의뢰인에게 신뢰를 드리고 있습니다.

 가사

법무법인YK는 2012년 출범 직후부터 가사 사건에 많은 역량을 투입해 왔고, 그에 따라 진행 사건과 성공 사례 수도 꾸준히 늘고 있습니다. 다양한 사실관계를 기초로 하는 이혼과 상속 사건에서, 각 분야의 전문변호사가 사안별로 적합한 최상의 소송 서비스를 제공합니다. 더불어 사안에 따라 소외합의와 조정, 소송 등 진행 방식을 두루 고려해 전문성과 효율성을 극대화한 변론 활동을 전략적으로 펼칩니다. 차별화된 전문가 그룹과 세분화된 사건 진행 방식이 YK가사팀의 강점입니다.

중국

YK중국인법률지원센터는 출입국·형사·가사·민사 등 여러 분야에서 국내 체류 중국인을 위한 법적 조력을 제공하고자 설립된 전문센터입니다. 출입국/각종 비자 문제/성범죄·보이스피싱·마약 등 형사범죄/국제이혼/임금체불·부당해고 등 변호사 조력이 필요한 의뢰인을 위해 종합적인 해결책을 신속하게 제시하겠습니다.

단지 외국인이라는 이유로 우리나라 사법 절차에서 차별받지 않고 기본적인 권리를 보호받을 수 있도록 YK중국인법률지원센터가 든든한 조력자가 되어 드리겠습니다.

선거대응

"선거사건 전문가의 또 다른 이름, YK선거대응센터."

선거사건은 선거 전문가에게 맡겨야 합니다. 직접 선거를 경험하고, 수사 및 공판에 참여한 사람만이 고객이 원하는 결과를 만들 수 있습니다.

경찰, 검찰, 법원 경력 전문가로 구성된 YK선거대응센터는

① 선거관계법령 자문을 통한 선거법 위반 리스크 해소

② 선관위 및 수사기관 단계에서 신속하고 적절한 조력

③ 공판에서 효과적인 변론 제공 등

선거의 모든 과정에서 고객을 위한 법률서비스를 지원합니다.

2

법무법인YK 중대재해센터

중대재해전국센터는 중대한 인명 피해를 주는 산업재해를 예방하고자 시행되는 중대재해처벌법 분야 전문 변호사와 고용노동부 경력 노무사, 경찰 경력 전문위원, 산업안전공단 경력 전문가로 구성된 조직으로 의뢰인의 권리를 보호하고 최상의 조력을 제공하기 위해 노력하고 있습니다.

산업재해 전문성

산업재해 분야에서 전문성이 있는 변호사들과 산업재해 수사와 중대재해처벌법상 안전보건관리체계 구축 컨설팅 경험이 풍부한 노동부 및 경찰 경력 전문위원, 산업안전공단 경력 전문가들이 협업을 통해 안전보건관리체계 구축, 사업장 안전보건 실태 점검, 중대재해 발생 시 행정적, 법률적 지원을 종합적으로 ONE-STOP 서비스해 드립니다.

신속한 대응

중대재해전국센터는 전국 26개 사무소 변호사가 가까운 곳에서 산재현장을 직접 찾아가 확실한 초동조치를 하는 기민함에 차별성이 있습니다. 변호사가 사고현장에 즉시 이동할 수 있을 뿐만 아니라 사고 이후에도 본사와 각 지사 변호사들이 긴밀히 협력하여 사고에 신속히 대응합니다.

3 법무법인YK 중대재해센터 구성원

□ 변호사

 정규영 대표변호사

성균관대학교 법학과 졸업

제38회 사법 시험 합격

서울중앙지방검찰청 검사

인천지방검찰청 강력부장 검사

광주지방검찰청 차장검사

법학전문대학원 교수(1기 및 2기 성균관대, 한양대, 서울시립대)

이기선 대표변호사

성균관대학교 법학과 졸업

제38회 사법 시험 합격

서울중앙지방검찰청 검사

서울중앙지방법원 부장판사(민사합의부)

언론중재위원회 서울중재1부장

성균관대학교 법학전문대학원 객원 교수

 중대재해센터장, 조인선 변호사

서울대학교 외교학과 졸업

서울대학교 경영대학원 경영학 석사

2019년 대한변호사협회 우수변호사상 수상

현) 고용노동부 중앙노동위원회 공익위원

현) 대법원 노동법실무연구회 회원

현) 근로복지공단 경인업무상질병판정위원회 위원

현) 서울특별시 행정심판위원회 위원

현) 대한변호사협회 학술위원회 위원

현) 고용노동부 기타공공기관 경영평가위원

논문:「기업 법무팀 구성원의 Legal Background가 기업의 소송성과에
        미치는 영향에 관한 연구」

저서:『인생실전 노동법』

 박수민 변호사

한양대학교 법학과 졸업

충남대학교 법학전문대학원 졸업

변호사 시험 합격

전) 법무법인 세웅

(사) 노동법 연구회 해밀 아카데미 수료

2022 대한변협 등록 노동법 전문 변호사

㈜ 킨스파트너스 인사위원회 외부위원

 이현종 변호사

성균관대학교 법학과 졸업

성균관대학교 법학전문대학원 졸업

변호사 시험 합격

전) 근로복지공단 사내변호사

2022 서울시 노동권리보호관

2022 대한변협 등록 노동법 전문 변호사

㈜ 킨스파트너스 인사위원회 외부위원

 이승호 변호사

성균관대학교 법학과 졸업

부산대학교 법학전문대학원 졸업

국민건강보험공단 실무수습

사법연수원 하계심화연수

대한법률구조공단 안양출장소 공익법무관

법무부 인권국 인권구조과 공익법무관

청주지방검찰청 공익법무관

전) 대한민국 ROTC 군포지회 고문변호사

전) 수원지방검찰청 안양지청 피해자국선변호사

김효빈 변호사

연세대학교 언론홍보영상학과 졸업

경북대학교 법학전문대학원 졸업

창원지방법원 진주지원 국선변호인

창원지방검찰청 진주지청 피해자 국선변호사

법률구조공단 진주출장소 공익법무관

서울중앙지방검찰청 공익법무관

법무연수원 손해배상 부문 출강

법무부 법무실 행정소송과(인사노동 사건 담당) 공익법무관

법무부장관 표창(송무유공)

제29회 투자자산운용사

 박래현 변호사

고려대학교 졸업(역사교육, 철학 전공)

서울시립대학교 법학전문대학원 졸업

변호사시험 합격

중등학교 2급 정교사(역사)

국가인권위원회 실무수습

법무법인 여는 실무수습

제10회 민변 노동법 실무교육 수료

해군 제6항공전단 법무실장

해군 작전사령부 보통검찰부 군검사

해군 군수사령부 법무실장

해군 재경근무지원대대 재경지역법무파견반장

정상혁 변호사

한국외국어대학교 프랑스어과/사회과학전공 졸업

건국대학교 법학전문대학원 인권·공익 법무 전공

전) 법무법인(유) 원 소속 변호사

전) 서울주택도시공사 인권상담신고센터 담당 변호사

코레일관광개발 성희롱 고충심의위원회 외부위원

민주평화통일자문회의 자문위원

이승환 변호사

아주대학교 법학과 수석 졸업

전북대학교 법학전문대학원 우수 졸업

법제처 법제정책국 법제조정총괄법제관

제12회 가인 법정변론 경연대회 민사재판 부문 우수상

이민규 변호사

고려대학교 자유전공학부 사회학과 졸업

부산대학교 법학전문대학원 졸업

변호사시험 합격

전) LG디스플레이 HR Group 파주노경팀(노무팀)

대한법률구조공단 실무수습

모의공정거래위원회 경연대회 한국공정거래조정원장상

노란봉투법 모의법정 경연대회 입상

부산대학교 법학전문대학원 학생회 문화홍보국장

□ 위원

 조재정 고문

서울대학교 행정대학원 졸업(행정학 석사)

숭실대학교 대학원 IT정책경영학과 졸업(공학 박사)

행정고시 합격(제28회)

전) 중앙노동위원회 사무국장

전) 대통령실 고용노사비서관실 선임행정관

전) 고용노동부 기획조정실장, 노동정책실장(1급)

현) 고위공무원단 역량평가 위원(인사혁신처)

현) 규제개혁심판위원(국무총리실, 기획재정부)

자격: 공인노무사, 행정사

저서:『오너가 꼭 알아야 할 중대재해처벌법』

실적: 중대재해처벌법상 안전보건체계구축 컨설팅 18건 수행

 이희성 고문

한양대학교 대학원 법학석사

독일 마부륵대학교 법학박사

전) 원광대학교 법학전문대학원 교수

전) 원광대학교 법학전문대학원 원장

(사) 한국비교노동법학회 회장

(사) 한국법정책학회 회장

현) 중앙노동위원회 공익위원

현) 원광대학교 법학전문대학원 명예교수

현) 명산의료재단 고문

현) 이물비치과의료생활협동조합 이사

 ## 김재근 전문위원

한양대학교 행정대학원 행정학 석사

고용노동부 30년 근무(서울청 근로개선지도과장, 본부 및 서울청 산업
안전 근로감독관)

중앙노동위원회 조사관

산업재해보상보험재심사위원회 심사관

자격: 공인노무사, 행정사, 산업안전기사

 ## 조성준 자문위원

한양대학교 공과대학 졸업

호서대학교 일반대학원 졸업(경영학 박사)

고용노동부 30년 근무(서울 강남, 천안, 진주 지청장)

현) 산업안전진단협회 회장

현) 건설재해예방협회 회장

자격: 공인노무사, 행정사, 안전문화관리사

 김남두 자문위원

전남대학교 대학원 공학 석사

한국산업안전보건공단 30년 근무(중앙사고조사단장, 안전기술지원국장)

현) 한국안전문화진흥원장

ISO45001 심사원, KOSHA-MS 심사원

자격: 전기안전기술사, 산업안전지도사

실적: 안전보건관리체계구축 컨설팅, 위험성평가 연구용역 및 컨설팅

 안병준 자문위원

교통대학교 대학원 공학 박사

한국산업안전보건공단 30년 근무(산업안전전문기술사업단장, 중대사고위험관리본부장)

현) 교통대학교, 호서대학교 안전공학과 교수

한국산업안전보건공단 자문위원

국가기술표준원 전문위원

4 중대재해처벌법 대응 주요 서비스

서비스 1: 안전보건관리체계 구축 및 그 이행에 관한 조치 사항 점검

○ 대상: 안전보건관리체계를 구축하고 그 이행에 관한 조치를 한 업체

○ 서비스 주요 내용

  - 기 구축된 안전보건관리체계가 「중대재해처벌법」의 요구사항을 충족하고 있는지 점검

  - 안전보건관리체계의 이행에 관한 조치가 「중대재해처벌법」의 요구사항을 충족하고 있는지 점검

  - 점검 결과를 토대로 개선방안 제시

서비스 2: 「중대재해처벌법」상의 안전보건관리체계 구축

○ 대상: 안전보건관리체계가 구축되어 있지 않은 업체

○ 서비스 주요 내용

  - 법 적용대상에 대한 법률적 검토

  - 「중대재해처벌법」 시행령에 규정된 안전보건관리체계 구축 및 이행에 관한 조치 지원

* 안전보건관리체계 구축에 필요한 법률적 지원 및 각종 절차, 기준, 매뉴얼 등에 대한 작성 등을 지원

서비스 3: 사업장 안전보건 실태 점검

○ 대상: 사업장 내 안전보건 실태 점검, 유해·위험요인 발굴 및 개선 대책이 필요한 업체

○ 서비스 주요 내용

- 고용노동부의 산업안전보건 감독점검표를 토대로 사업장의 안전보건점검 및 개선 지원

- 「중대재해처벌법」에서 요구하고 있는 유해·위험요인 확인 및 개선 대책 마련

- 고용노동부 산업안전 감독 시 중점 점검사항인 위험성 평가 실시 지원

서비스 4: 중대재해 발생 시 대응 지원

○ 대상: 중대재해가 발생하여 행정적, 법률적 지원이 필요한 업체

○ 서비스 주요 내용

- 신속대응팀 운영 및 현장 임장(변호사, 경찰 및 노동부 경력 전문가팀 긴급 출동)

- 고용노동부의 작업중지명령, 안전진단명령 등에 대한 조치

- 형사처벌 및 손해배상청구 등 소송 대응

II.

중대재해처벌법
주요 내용

1

법의 목적

법 제1조(목적) 이 법은 사업 또는 사업장, 공중이용시설 및 공중교통수단을 운영하거나 인체에 해로운 원료나 제조물을 취급하면서 안전·보건 조치 의무를 위반하여 인명피해를 발생하게 한 사업주, 경영책임자, 공무원 및 법인의 처벌 등을 규정함으로써 중대재해를 예방하고 시민과 종사자의 생명과 신체를 보호함을 목적으로 한다.

○ 사업주 또는 경영책임자등이 사업 또는 사업장의 안전보건관리체계 구축 등 안전 및 보건 확보를 이행하도록 의무를 부과한 법률로써
  - 「산업안전보건법」 등 안전·보건 관계 법령에 따른 안전·보건조치가 철저히 이루어져 중대재해를 예방하는 데 목적이 있습니다.
○ 경영책임자가 법에서 정한 안전 및 보건 확보의무를 다하지 않아 중대산업재해가 발생하면 처벌받을 수 있습니다.

2 중대산업재해의 정의

법 **제2조(정의)** 이 법에서 사용하는 용어의 뜻은 다음과 같다.

2. "중대산업재해"란 「산업안전보건법」 제2조제1호에 따른 산업재해 중 다음 각 목의 어느 하나에 해당하는 결과를 야기한 재해를 말한다.

　가. 사망자가 1명 이상 발생

　나. 동일한 사고로 6개월 이상 치료가 필요한 부상자가 2명 이상 발생

　다. 동일한 유해요인으로 급성중독 등 대통령령으로 정하는 직업성 질병자가 1년 이내에 3명 이상 발생

○ **(개념)** 중대재해처벌법법에서의 **"중대산업재해"**란

　- 「산업안전보건법」 제2조제1호에 따른 산업재해 중 아래에 해당하는 재해를 말합니다.

　　① 사망자가 1명 이상 발생

　　② 동일한 사고로 6개월 이상 치료가 필요한 부상자가 2명 이상 발생

　　③ 동일한 유해요인의 직업성 질병자*가 1년 이내 3명 이상 발생

* 급성중독, 독성간염, 혈액전파성질병, 산소결핍증, 열사병 등 24개 질병 적용범위 및 적용시기

3 적용범위 및 적용시기

법 제3조(적용범위) 상시 근로자가 5명 미만인 사업 또는 사업장의 사업주(개인사업주에 한정한다. 이하 같다) 또는 경영책임자등에게는 이 장의 규정을 적용하지 아니한다.

법 부칙 제1조(시행일) ① 이 법은 공포 후 1년이 경과한 날부터 시행한다. 다만, 이 법 시행 당시 개인사업자 또는 상시근로자가 50명 미만인 사업 또는 사업장(건설업의 경우에는 공사금액 50억원 미만의 공사)에 대해서는 공포 후 3년이 경과한 날부터 시행한다.

3-1. 적용범위(법 제3조)

○ **법 적용 대상은 상시근로자가 5명 이상인 사업 또는 사업장**입니다.

* 다만, 50명(50억원) 이상은 '22. 1. 27. 부터, 5~49명(50억원 미만)은 '24. 1. 27. 부터 적용

- 여기서 '사업 또는 사업장'은 「산업안전보건법」상 사업장과 달리 경영상 일체를 이루는 조직 단위로서 법인, 기관, 기업 그 자체를 말하며
- 장소적 개념에 따라서 판단할 것이 아니므로 본사와 생산을 담당하는 공장은 '하나의 사업 또는 사업장'으로 봐야 합니다.

○ **의무 주체**는 해당 사업 또는 사업장의 **개인사업주 또는 경영책임자등**을 말하며 구체적인 적용대상은 아래와 같습니다.

　　　　　　　　　　　　　　　중대재해처벌법 백문백답

구분	적용대상
법인 또는 기관의 경영책임자	○ 대표이사 등 사업을 대표하고 총괄하는 권한과 책임이 있는 사람
	○ 대표이사 등에 준하는 책임자로서 사업 또는 사업장 전반의 안전·보건 관련 조직, 인력, 예산을 결정하고 총괄 관리하는 사람 * 안전·보건에 관한 최종결정권을 가진 정도의 책임이 있는 사람이어야 함
	○ 중앙행정기관·지방자치단체·지방공기업·공공기관의 장
개인사업주	○ 자신의 사업을 영위하는 자, 타인의 노무를 제공받아 사업을 하는 자

○ **보호 대상**은 사업 또는 사업장의 **종사자**로 규정하고 있으며 종사자의 **구체적인 범위**는 아래와 같습니다.

▶ 근로기준법상 근로자

▶ 도급, 용역, 위탁 등 계약의 형식에 관계없이 그 사업의 수행을 위해 대가를 목적으로 노무를 제공하는 자

▶ 사업을 여러 차례 도급한 경우 각 단계의 수급인과 수급인의 근로자·노무 제공자

3-2. 적용시기(법 부칙 제1조)

○ 이 법은 공포 후 1년이 경과한 날인 **'22. 1. 27.**부터 시행됩니다.

○ 다만, 이 법 시행 당시 **아래 ①~③의 경우**에는 공포 후 3년이 경과한 **'24. 1. 27. 부터 시행**됩니다.

① 개인사업주

② 상시근로자가 50명 미만인 사업 또는 사업장

③ 건설업의 공사금액 50억원 미만의 공사

4

벌칙규정(제재규정)

법 제6조(중대산업재해 사업주와 경영책임자등의 처벌) ① 제4조 또는 제5조를 위반하여 제2조제2호가목의 중대산업재해에 이르게 한 사업주 또는 경영책임자등은 1년 이상의 징역 또는 10억원 이하의 벌금에 처한다. 이 경우 징역과 벌금을 병과할 수 있다.

② 제4조 또는 제5조를 위반하여 제2조제2호나목 또는 다목의 중대산업재해에 이르게 한 사업주 또는 경영책임자등은 7년 이하의 징역 또는 1억원 이하의 벌금에 처한다.

③ 제1항 또는 제2항의 죄로 형을 선고받고 그 형이 확정된 후 5년 이내에 다시 제1항 또는 제2항의 죄를 저지른 자는 각 항에서 정한 형의 2분의 1까지 가중한다.

4-1. 처벌규정의 의미

ㅇ 「중대재해처벌법」은 개인사업주 또는 경영책임자등이 법 제4조 또는 제5조에 따른 안전·보건 확보의무(다음 내용)를 위반한 경우에 바로 처벌하는 것은 아닙니다.

- 개인사업주 또는 경영책임자등이 제4조 또는 제5조의 안전·보건 확보의무를 위반하여 중대산업재해에 이르게 한 경우에 처벌합니다.

〈법 제4조〉

1. 안전보건관리체계의 구축 및 그 이행에 관한 조치

2. 재해 발생 시 재발방지 대책의 수립 및 그 이행에 관한 조치

3. 중앙행정기관·지방자치단체가 관계 법령에 따라 개선, 시정 등을 명한 사항의 이행 조치

4. 안전·보건 관계 법령에 따른 의무이행에 필요한 관리상의 조치

〈법 제5조〉

ㅇ 도급, 용역, 위탁 등 관계에서의 안전 및 보건 확보의무

ㅇ **경영책임자**가 **안전** 및 **보건 확보**에 필요한 **의무들을 이행**했다면 **중대산업재해가 발생**하더라도 **처벌되지 않습니다.**

4-2. 처벌의 내용

ㅇ **처벌 대상**은 **개인사업주** 또는 **경영책임자등**이며

- 처벌의 내용은 사망, 부상 등 재해 정도에 따라 구분되며 가중처벌 규정도 함께 두고 있습니다. 자세한 내용은 다음과 같습니다.

구분	내용
① 종사자의 사망 시	1년 이상의 징역 또는 10억원 이하의 벌금 (징역과 벌금을 병과할 수 있음)
② 종사자의 부상 또는 직업성 질병 재해 시	7년 이하의 징역 또는 1억원 이하의 벌금
③ 가중처벌	중대산업재해로 선고받은 형이 확정된 후 5년 이내에 다시 위 죄를 저지른 경우 각 형의 2분의 1까지 가중처벌

중대재해처벌법 백문백답

4-3. 양벌규정

법 제7조(중대산업재해의 양벌규정) 법인 또는 기관의 경영책임자등이 그 법인 또는 기관의 업무에 관하여 제6조에 해당하는 위반행위를 하면 그 행위자를 벌하는 외에 그 법인 또는 기관에 다음 각 호의 구분에 따른 벌금형을 과(科)한다. 다만, 법인 또는 기관이 그 위반 행위를 방지하기 위하여 해당 업무에 관하여 상당한 주의와 감독을 게을리하지 아니한 경우에는 그러하지 아니하다.
1. 제6조제1항의 경우: 50억원 이하의 벌금
2. 제6조제2항의 경우: 10억원 이하의 벌금

O **양벌규정의 적용대상은 법인 또는 기관**이며

- 법인 또는 기관의 경영책임자등이 그 법인 또는 기관의 업무에 있어 안전·보건 확보의무를 위반하여 중대산업재해에 이르게 한 경우
- 해당 경영책임자등을 벌하는 외에 그 법인 또는 기관 그 자체를 벌금형의 형사벌로 처벌합니다. 그 내용은 다음과 같이 구분됩니다.

구분	내용
① 종사자의 사망 시	50억원 이하의 벌금(행위자 처벌 외)
② 종사자의 부상 또는 직업성 질병 재해 시	10억원 이하의 벌금(행위자 처벌 외)

O 다만, 법인 또는 기관이 그 위반행위를 방지하기 위해 해당 업무에 관해 상당한 주의와 감독을 게을리한 경우에 한하여 적용합니다.

4-4. 손해배상(법 제15조)

O 개인사업주 또는 경영책임자등이 고의 또는 중대한 과실로 안전 및 보

건 확보의무를 위반하여 중대재해를 발생하게 한 경우

- 개인사업주나 법인, 기관은 손해를 입은 사람에게 손해액의 5배 내에서 배상책임을 지도록 규정하고 있습니다.

4-5. 안전보건교육의 수강

법 제8조(안전보건교육의 수강) ① 중대산업재해가 발생한 법인 또는 기관의 경영책임자등은 대통령령으로 정하는 바에 따라 안전보건교육을 이수하여야 한다.

② 제1항의 안전보건교육을 정당한 사유 없이 이행하지 아니한 경우에는 5천만원 이하의 과태료를 부과한다.

③ 제2항에 따른 과태료는 대통령령으로 정하는 바에 따라 고용노동부장관이 부과·징수한다.

시행령 제6조(안전보건교육의 실시 등) ① 법 제8조제1항에 따른 안전보건교육(이하 "안전보건교육"이라 한다)은 총 20시간의 범위에서 고용노동부장관이 정하는 바에 따라 이수해야 한다.

② 안전보건교육에는 다음 각 호의 사항이 포함되어야 한다.

　1. 안전보건관리체계의 구축 등 안전·보건에 관한 경영 방안

　2. 중대산업재해의 원인 분석과 재발 방지 방안

○ 교육대상

- 중대산업재해가 발생한 '법인 또는 기관'의 경영책임자등은 안전보건교육을 이수해야 합니다.

* 개인사업주는 교육 이수 대상에 해당하지 않음

유의사항

ㅇ 안전보건교육 수강은 '중대산업재해의 발생'만을 요건으로 규정하며 경영책임자
  등이 법 제4조 및 법 제5조에 따른 의무를 위반하여 중대산업재해가 발생했는지
  여부는 고려하지 않습니다.

ㅇ 따라서 중대산업재해 발생 사실만으로도 해당 법인 또는 기관의 경영책임자등은
  안전보건교육을 이수해야 합니다.

ㅇ 교육시간 및 내용

  - 총 20시간의 범위에서 이수해야 하며 안전보건교육에는 다음 각 사
    항이 포함됩니다.

    ① 안전보건관리체계의 구축 등 안전·보건에 관한 경영 방안

    ② 중대산업재해의 원인 분석과 재발 방지 방안

5

경영책임자등의 안전 및 보건 확보의무

○ 「중대재해처벌법」 제4조제1항 각호에서 사업주 또는 경영책임자등의 안전보건확보의무로 아래와 같은 사항을 규정하고 있습니다.

1. 재해 예방에 필요한 안전보건관리체계의 구축 및 이행

2. 재해 발생 시 재발방지 대책의 수립 및 이행

3. 중앙행정기관·지방자치단체가 관계 법령에 따라 개선, 시정 등을 명한 사항의 이행

4. 안전·보건 관계 법령상 의무이행에 필요한 관리상 조치

○ 이 중, **제1호**와 **제4호**의 조치에 따른 구체적인 사항은 대통령령으로 정하고 있으며, 내용은 아래와 같습니다.

시행령 제4조(안전보건관리체계의 구축 및 이행 조치) 법 제4조제1항제1호에 따른 조치의 구체적인 사항은 다음 각 호와 같다.
1. 안전·보건에 관한 목표와 경영방침 설정
2. 안전·보건에 관한 업무를 총괄·관리하는 전담 조직 설치
3. 유해·위험요인을 확인하여 개선하는 업무절차를 마련, 반기 1회 이상 점검 및 필요한 조치
4. 재해 예방에 필요한 예산 편성 및 용도에 맞게 집행
5. 안전보건관리책임자, 관리감독자, 안전보건총괄책임자의 충실한 업무수행 지원

6. 산업안전보건법에 따른 안전관리자, 보건관리자, 안전보건관리담당자, 산업보건의 배치

7. 안전·보건에 관한 사항에 대해 종사자의 의견 청취 절차 마련, 개선방안 마련·이행 여부 반기 1회 이상 점검

8. 중대산업재해, 급박한 위험을 대비하여 조치 매뉴얼 마련, 조치 여부 반기 1회 이상 점검

9. 도급, 용역, 위탁 시 산업재해 예방 조치 능력 및 기술에 관한 평가기준·절차, 관리비용, 공사기간 또는 건조기간에 관한 기준 마련, 이행여부 점검

시행령 제5조(안전·보건 관계 법령에 따른 의무이행에 필요한 관리상의 조치) ① 법 제4조제1항제4호에서 "안전·보건 관계 법령"이란 해당 사업 또는 사업장에 적용되는 것으로서 종사자의 안전·보건을 확보하는 데 관련되는 법령을 말한다.

② 법 제4조제1항제4호에 따른 조치에 관한 구체적인 사항은 다음 각 호와 같다.

1. 안전·보건 관계 법령에 따른 의무 이행 여부 반기 1회 이상 점검

2. 인력 배치, 예산 추가 편성·집행 등 의무 이행에 필요한 조치

3. 유해·위험한 작업에 관한 안전·보건 교육의 실시 여부 반기 1회 이상 점검

4. 미실시 교육에 대한 이행의 지시, 예산의 확보 등 교육 실시에 필요한 조치

III.

중대재해처벌법
Q&A

1-1. 법 제정 목적 등

Q1 「중대재해처벌법」이 제정된 이유는 무엇인가요? (중대재해처벌법령 FAQ Q1)

「산업안전보건법」은 안전보건조치 위반으로 사망사고가 발생하는 경우 주로 사고가 발생한 현장의 안전보건관리책임자등에게 책임을 묻고 있습니다. 그럼에도 불구하고 산업현장에서는 대형 산재사고가 지속적으로 발생하고 있습니다.

이에 현장을 포함한 사업 전체를 총괄하는 대표이사 등 경영책임자가 경각심을 가지고 안전을 경영의 중심에 두고 중대재해 예방을 위한 실질적인 노력을 하도록 하기 위해 「중대재해처벌법」이 제정되었습니다.

실질적인 중대재해 예방을 위해서는 기업의 경영책임자가 안전보건에 관한 확고한 리더십을 가지고 해당 기업의 안전보건관리체계를 구축하고 이행하여 전체 종사자의 안전보건을 확보해 나가는 등 안전 및 보건을 중시하는 조직 문화를 만드는 것이 중요합니다.

Q2 사업장에서 근로자가 사망하는 중대산업재해가 발생하면 「중대재해처벌법」과 「산업안전보건법」의 책임은 어떻게 되나요?

👷 「산업안전보건법」제167조는 동법 제38조 및 제39조에 규정된 사업주의 안전조치 및 보건조치 또는 동법 제63조에 규정된 도급인의 안전 및 보건조치를 위반하여 근로자를 사망에 이르게 한 자에 대해 7년 이하의 징역 또는 1억원 이하의 벌금에 처하도록 규정하고 있습니다.

👷 한편, 「중대재해처벌법」제6조는 동법 제4조에 규정된 사업주와 경영책임자등의 안전 및 보건 확보의무 또는 제5조에 규정된 도급, 용역, 위탁 등 관계에서의 안전 및 보건 확보의무를 위반하여 근로자가 사망한 경우 사용자 또는 경영책임자등에게 1년 이상의 징역 또는 10억원 이하의 벌금에 처하도록 규정하고 있습니다.

👷 만일 사업장에서 중대산업재해가 발생하게 되면 「중대재해처벌법」과 「산업안전보건법」 위반은 별도로 성립해서 동시에 적용될 것입니다. 예컨대 본사와 물리적으로 분리된 사업장에서 중대산업재해가 발생한 경우에 해당 사업장의 안전보건관리책임자는 「산업안전보건법」에 의해 처벌되고, 본사의 경영책임자등은 「중대재해처벌법」으로 처벌될 수 있습니다. 그러나 「중대재해처벌법」상의 사업주 또는 경영책임자등이 「산업안전보건법」상의 안전보건관리책임자에 해당하는 경우에는 사안에 따라 이들에게 두 법률이 모두 적용될 수 있을 것입니다.

Q3 출퇴근 중 교통사고가 발생한 경우도 중대산업재해에 해당하나요? (중대재해처벌법령 FAQ Q5)

🪖 종사자 개인 소유 자동차 등으로 출퇴근 중 운전자나 제3자의 과실 등으로 교통사고가 발생하였다면 이는 「산업안전보건법」에 따른 산업재해에 해당하지 않습니다.

🪖 「중대재해처벌법」에 따른 중대산업재해는 「산업안전보건법」상 산업재해임을 전제로 하므로 교통사고가 「산재보험법」상 보상의 대상이 되는 업무상 재해에 해당할지라도 「중대재해처벌법」에 따라 처벌의 대상이 되는 중대산업재해에는 해당하지 않습니다.

🪖 다만, 사업주가 제공한 교통수단을 이용하는 등 사업주의 지배·관리하에서 출퇴근하는 중 발생한 사고의 경우에는 사업주가 제공한 교통수단 등을 업무에 관계되는 설비로 볼 여지가 있고, 이러한 경우 「산업안전보건법」상의 산업재해에 해당할 수 있으므로 「중대재해처벌법」상의 중대산업재해에도 해당될 여지가 있을 것입니다.

Q4 질병으로 사망한 경우에도 중대산업재해에 포함되나요?
(중대재해처벌법령 FAQ Q4)

🛠️ 근로자가 사망한 경우 「중대재해처벌법」에는 중대산업재해에 해당하기 위한 다른 요건을 규정하고 있지 않으므로 산업안전보건법상 산업재해에 해당한다면 사고에 의한 사망뿐만 아니라 직업성 질병에 의한 사망도 중대산업재해에 포함됩니다.

🛠️ 다만 직업성 질병은 「산업안전보건법」의 산업재해에 해당되어야 하므로 업무에 관계되는 유해·위험요인에 의하거나 작업 또는 그 밖의 업무로 인하여 발생하였음이 명확한 것이어야 합니다. 이와 관련하여 「중대재해처벌법」에는 직업성 질병의 범위에 대해 동법 시행령 별표 1에 정하고 있습니다.

🛠️ 질병으로 인한 사망의 경우 종사자 개인의 고혈압이나 당뇨, 생활 습관 등 다양한 요인이 영향을 미칠 수 있으므로 질병의 원인이 업무로 인한 것인지 여부 등에 대해서는 구체적인 사정을 종합적으로 고려하여 판단하게 될 것입니다.

Q5 직업성 질병의 범위에 뇌심혈관계, 직업성 암, 근골격계 질병 등은 포함되지 않나요?

「중대재해처벌법」 시행령 별표 1에서 규정한 직업성 질병의 범위에 뇌심혈관계, 직업성 암, 근골격계 질병 등이 제외되어 있습니다.

이는 「중대재해처벌법」 위반 시에 처벌이 따르는 만큼 중대산업재해 인지에 대해 논란의 여지가 없어야 하므로 사고성 재해와 같이 특정 질병 유발 요인이 업무로 인한 것임을 명확하게 할 필요가 있었기 때문입니다.

특히 「중대재해처벌법」은 중대산업재해 중 하나인 직업성 질병의 구체적 범위를 대통령령으로 위임하면서 급성중독을 예시로 든 것도 안전 및 보건 조치의무 위반이 질병으로 이어지는 인과관계가 분명해야 한다는 기준을 제시한 것이라고 볼 수 있습니다.

Q6 과중한 업무나 급격한 업무 환경의 변화로 인하여 뇌심혈관 질환이 발생하여 종사자가 사망한 경우 중대산업재해로 보아 「중대재해처벌법」이 적용되나요?

🪖 과중한 업무나 급격한 업무 환경의 변화와 같이 작업 또는 그 밖의 업무의 내용과 방식에 내재한 유해·위험요인이 원인이 된 뇌심혈관 질환에 의한 사망의 경우 「산업안전보건법」상의 산업재해에 해당할 수 있고 이에 따라 「중대재해처벌법」상의 중대산업재해에도 해당될 여지가 있을 것입니다.

🪖 다만, 그 발생 원인이 과중한 업무 이외에도 종사자 개인의 고혈압이나 당뇨, 생활 습관 등 다양한 요인이 영향을 줄 수 있으므로 업무량, 강도 등 업무 환경이나 업무량의 변화와 질병의 발생 또는 사망 사이에 상당한 인과관계가 인정되는지 여부는 구체적인 사정을 종합적으로 고려하여 판단되어질 것입니다.

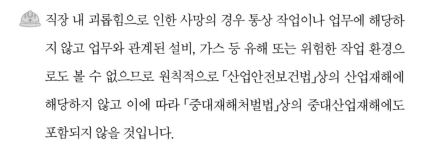

Q7 직장 내 괴롭힘으로 인한 사망의 경우 중대산업재해로 보아 「중대재해처벌법」이 적용되나요?

직장 내 괴롭힘으로 인한 사망의 경우 통상 작업이나 업무에 해당하지 않고 업무와 관계된 설비, 가스 등 유해 또는 위험한 작업 환경으로도 볼 수 없으므로 원칙적으로 「산업안전보건법」상의 산업재해에 해당하지 않고 이에 따라 「중대재해처벌법」상의 중대산업재해에도 포함되지 않을 것입니다.

다만, 직장 내 괴롭힘이 작업 수행의 방식으로 행하여지거나 업무에 편승하여 이루어짐으로써 재해가 발생한 경우에는 「중대재해처벌법」상의 중대산업재해에 포함될 여지도 있을 수 있으므로 개별 사안에 따라 구체적인 사정을 종합적으로 고려하여 판단되어질 것입니다.

Q8 직무 스트레스에 의한 자살의 경우에도 중대산업재해로 보아 「중대재해처벌법」이 적용되나요?

일반적으로 종사자의 자해행위로 인한 재해는 그 직접적인 원인이 작업 환경 등에 있지 않고 종사자 내부에 있으므로 산업재해로 보기는 어렵습니다. 또한, 자살의 경우 대상자의 자발성에 기초하여 발생한 결과이므로 예방의 대상으로 평가하기 어렵다는 점에서 산업재해에 해당한다고 보기는 어려울 것입니다.

다만, 종사자의 자해행위로 인한 사망의 결과가 직무 스트레스 등이 과도하여 정상적인 인식능력 등이 뚜렷하게 낮아진 상태에서 발생한 경우로 볼 수 있는 극히 예외적인 경우라면 작업 또는 그 밖의 업무로 인하여 발생한 산업재해에 해당할 수 있고 중대산업재해로 검토될 여지는 있어 보입니다.

Q9 직업성 질병자가 1년 이내 3명 이상 발생한 경우 직업성 질병을 유발한 사용물질의 사용기간이 처벌대상 선정에 영향을 미치나요?

⛑ 동일한 유해요인으로 직업성 질병자가 1년 이내에 3명 이상 발생한 경우 중대산업재해로 판단되며, "동일한 유해요인"은 노출된 각 유해인자와 유해물질의 성분, 작업의 양태 등의 측면에서 객관적으로 동일성이 인정되는 경우를 말합니다. 따라서 객관적 동일성이 인정된다면 해당 물질의 사용기간은 중대산업재해 여부 판단 기준에 영향을 미치지 않습니다.

⛑ 한편, 「중대재해처벌법」은 개인사업주 또는 경영책임자등이 안전 및 보건 확보의무를 위반하여 중대산업재해가 발생한 경우 처벌한다고 규정하고 있습니다. 따라서 개인사업주 또는 경영책임자등이 중대산업재해를 예방하기 위해 안전보건관리체계 구축 등 안전 및 보건 확보의무를 이행하였다면 중대산업재해가 발생하더라도 처벌되지 않습니다. (중대산업재해감독과-140, 2022. 1. 13.)

Q10 「중대재해처벌법」 제2조제2호다목에 따른 "직업성 질병자가 1년 이내에 3명 이상 발생"의 경우 산정 기준이 어떻게 되는지?

🪖 「중대재해처벌법」 제2조제2호다목에 따른 중대산업재해는 회사(법인) 등 조직 전체에서 동일한 유해요인으로 직업상 질병자가 1년 이내에 3명이 발생한 시점에 발생한 것으로 판단하며, 1년 이내를 판단하는 기산점은 세 번째 직업성 질병자가 발생한 시점부터 역산하여 산정합니다. (중대산업재해감독과-128, 2022. 1. 12.)

Q11 「중대재해처벌법」 시행령 별표 1의 '직업성 질병'에서 '노출'의 근거는 근로자가 근무하고 있는 작업장의 작업환경측정 대상 유해인자 기준인지, 근로자의 개인별 특수 건강진단 대상 유해인자 기준인지?

「중대재해처벌법」 제2조제2호다목에 따른 직업성 질병은 작업환경 및 일과 관련한 활동에 기인한 건강장해로서, 「중대재해처벌법」 시행령 별표 1 제13호에 따른 「산업안전보건법」상 작업환경측정 대상 유해인자 중 화학적 인자 및 특수건강진단 대상 유해인자 중 화학적 인자 등을 포함한 각종 유해·위험물질에 노출되어 발생하는 질병을 포함합니다. (중대산업재해감독과-128, 2022. 1. 12.)

Q12 대학교에서 근무하는 공무원, 조교가 「중대재해처벌법」 적용대상인 종사자인지?

🪖 공무원이라는 사정만으로 「근로기준법」상 근로자에 해당되지 않는 것은 아니므로, 법에서 적용을 배제하는 규정이 없는 한 「근로기준법」상 근로자에 포함되며, 조교의 경우 「고등교육법」에 따른 '조교'라면 근로자에 해당될 수 있으므로 「중대재해처벌법」상 적용대상자가 됩니다.

🪖 다만, 각 대학별로 운영 형태가 다양하고 명칭은 '조교'라 하더라도 「고등교육법」상 '조교'가 아닌 경우도 있을 것이므로 일률적으로 판단할 수는 없고, 계약의 형식에 관계없이 그 실질에 있어 사업 또는 사업장에 임금을 목적으로 종속적인 관계에서 사용자에게 근로를 제공하는지 등에 따라 개별 구체적으로 판단하여야 할 것으로 보입니다. (대법원 2006. 12. 7. 선고 2004다29736 판결) (중대산업재해감독과-2003, 2021. 12. 20.)

Q13

공무원은 일부 현업업무 종사자를 제외하면 「산업안전보건법」이 적용되지 않는 것으로 알고 있는데 사무직인 공무원에게 「중대재해처벌법」이 적용되나요? (중대재해처벌법령 FAQ Q6)

🪖 공무원도 임금을 목적으로 근로를 제공하는 사람으로서 「근로기준법」상의 근로자에 해당합니다.

🪖 다만, 공무원은 「근로기준법」에 우선하여 「국가공무원법」, 「지방공무원법」 등의 적용을 받되, 이러한 법령에서 정하지 않은 사항이나 명시적 배제 규정이 없는 사항에 대해서는 그 성질에 반하지 않는 한 「근로기준법」이 적용됩니다.

🪖 「국가공무원법」 등에는 공무원에 대한 「중대재해처벌법」의 적용 여부 등에 대하여 규정하고 있지 않으므로 「중대재해처벌법」상 근로자에는 사무직 여부와 관계없이 모든 공무원이 포함됩니다.

Q14 현장실습생이 사망하거나 부상, 질병을 입은 경우에도 「중대재해처벌법」이 적용되나요?

🪖 현장실습생에 대해 「산업안전보건법」 166조의 2(현장실습생에 대한 특례)는 사업주에게 안전보건 조치의무를 부여하고 있으나, 「중대재해처벌법」에는 이러한 특례규정이 없습니다.

🪖 다만, 「산업안전보건법」상 근로자에 대해 판례가 '실질적 고용관계'라는 개념을 적용하여 직접 고용관계의 범위를 확장하고 있고, 계약의 내용, 작업의 성질과 내용 등을 살펴 사용종속관계가 있음이 인정되는 경우 「근로기준법」의 적용을 받는 근로자로 보고 있다는 점과 「중대재해처벌법」이 그 보호대상인 종사자의 범위를 「근로기준법」상의 근로자의 개념보다 확대하여 규정하고 있다는 점에서 현장실습생이 사망하거나 부상, 질병을 입은 경우에는 현장실습생의 실습계약상 근로시간, 실제 작업의 성질과 내용, 보수 지급 여부 등 근로관계의 실질적인 내용을 검토하여 「중대재해처벌법」 적용 여부를 판단하게 될 것입니다.

Q15 배달종사자에게 중대산업재해가 발생한 경우 배달업체 대표도 「중대재해처벌법」으로 처벌받을 수 있나요?

🪖 배달종사자를 「근로기준법」상 근로자로 볼 수 있는지 여부에 대한 판단은 별론으로 하더라도 「중대재해처벌법」상 '그 사업의 수행을 위하여 대가를 목적으로 노무를 제공하는' 종사자에 해당하므로 배달종사자가 배달 중 사고가 발생한 경우에 「중대재해처벌법」이 적용될 수 있습니다.

🪖 따라서 배달을 대행 또는 위탁하는 개인사업주 또는 경영책임자등은 자신이 실질적으로 지배·운영·관리하는 배달 대행 또는 위탁 사업을 위하여 노무를 제공하는 배달종사자에 대해 「중대재해처벌법」 제4조의 안전 및 보건 확보의무를 준수하여야 합니다.

🪖 한편, 배달대행 플랫폼이 배달의뢰를 대행업체에 중개만 하는 경우에는 배달종사자와 직접 계약을 체결한 배달대행업체가 「중대재해처벌법」에 따른 책임을 지게 되고 배달대행 플랫폼 사업자는 책임을 면할 가능성이 높을 것입니다.

Q16
보험설계사, 우체국보험모집인, 건설기계 운전자, 학습지 교사, 골프장 캐디, 집화 및 배송업무자 등과 같은 특수형태근로종사자의 경우에도 「중대재해처벌법」이 적용되나요?

....

「산업안전보건법」 제77조는 근로기준법이 적용되지 아니하는 특수형태근로종사자의 산업재해 예방을 위하여 필요한 안전조치 및 보건조치를 하도록 규정하고 있으나, 「중대재해처벌법」에는 이에 대해 별도의 규정을 두고 있지 않습니다.

그러나 「중대재해처벌법」은 계약의 형식에 관계없이 사업의 수행을 위하여 대가를 목적으로 노무를 제공하는 사람의 안전을 확보하기 위한 법률이라는 점에서 특수형태근로종사자도 「중대재해처벌법」상 종사자에 해당한다고 볼 수 있습니다.

Q17 「중대재해처벌법」에 규정되어 있는 경영책임자등은 구체적으로 누구를 말하는 것인가요?

🪖 「중대재해처벌법」 제2조제9호가목에 경영책임자등은 '사업을 대표하고 사업을 총괄하는 권한과 책임이 있는 사람 또는 이에 준하여 안전보건에 관한 업무를 담당하는 사람'으로 정의되어 있습니다.

🪖 여기에서 '사업을 대표하고 사업을 총괄하는 권한과 책임이 있는 사람'이란 대내적으로 사업 운영을 총괄·집행하고 대외적으로 해당 사업을 대표하는 사람으로 기업의 대표이사, 단체 등의 이사장, 기관장 등을 말합니다. 이는 직위의 형식적인 명칭에 구애되는 것이 아니라 사업 운영에 대한 실질적인 권한과 책임이 부여된 사람이 경영책임자라는 의미입니다. 특히 복수의 대표이사가 있는 경우 회사 내에서의 직무, 책임과 권한, 기업의 의사결정 구조 등을 종합적으로 고려하여 최종책임자를 판단할 수 있을 것입니다.

🪖 또한, '이에 준하여 안전보건에 관한 업무를 담당하는 사람'이란 대표이사 등에 준하여 안전 및 보건에 관한 예산, 조직, 인력 등 안전보건체계 구축 등에 전적인 권한과 책임을 가지는 등 최종적인 의사결정권을 가진 사람을 말합니다. 따라서 기업이 여러 사업장, 공장, 건설현장 등을 운영하는 경우 단일 사업장의 안전 및 보건관리만을 책임

지는 사람은 이 법의 경영책임자등으로 보기는 어려울 것입니다.

한편, 이 법에서 규정하고 있는 '또는'의 의미는 선택적 관계를 규정한 것이 아닙니다. 대표이사의 권한을 위임받아 안전보건에 관한 업무를 담당하는 사람이 있더라도 대표이사의 책임이 면책되는 것은 아니고 실질적으로 이 법상 안전 및 보건 확보의무를 이행할 책임이 있는 사람이 누구인지를 개별적으로 판단하여 최종적으로 적용될 것입니다.

Q18

최고안전책임자(CSO)를 두고 대표이사를 대신하여 안전
보건에 관한 업무를 총괄하게 하면 대표이사는 「중대재해
처벌법」을 받지 않을 수 있나요?

「중대재해처벌법」은 경영을 대표하는 자의 안전 및 보건에 관한 의무와 역할을 규정한 것으로 이 법상 의무와 책임의 귀속 주체는 원칙적으로 사업을 대표하고 사업을 총괄하는 권한과 책임이 있는 자입니다.

따라서 사업 또는 사업장 내에 최고안전책임자(CSO) 또는 안전담당이사라는 명칭을 가진 사람이 있다고 해도 이들을 '대표이사에 준하는 안전과 보건을 담당하는 사람'이라고 볼 수는 없습니다. 이들이 '그 밖에 이에 준하는 안전과 보건을 담당하는 사람'에 해당하기 위해서는 사업 또는 사업장 전반의 안전 및 보건에 관한 조직, 인력, 예산에 관한 총괄 관리 및 최종 의사결정권을 갖고 있어야 할 것입니다.

단지 형식적으로 안전 및 보건에 관한 업무를 담당하는 안전보건담당이사등을 둔 경우에는 대표이사가 가진 '사업을 대표하고 사업을 총괄하는 권한과 책임'을 대신한다고 보기는 어려우므로, 대표이사는 이 법에서 부여된 안전보건관리체계 구축 및 이행의 의무를 직접 수행하는 것이 바람직할 것입니다.

중대재해처벌법 백문백답

Q19
「산업안전보건법」상 안전보건관리책임자(공장장, 현장소장 등)가 「중대재해처벌법」상 경영책임자에 해당하나요? (중대재해처벌법령 FAQ Q8)

「중대재해처벌법」에서의 '경영책임자등'이란 사업을 대표하고 사업을 총괄하는 권한과 책임이 있는 사람을 말하므로 「산업안전보건법」에 따라 개별 사업장의 안전 및 보건에 관한 사항을 총괄·관리하도록 한 안전보건관리책임자에 해당하는 공장장, 현장소장 등은 원칙적으로 경영책임자의 관리 대상이지 경영책임자가 될 수는 없습니다.

다만, 하나의 사업장만을 가진 기업은 통상적으로 대표이사가 「산업안전보건법」에 따른 안전보건관리책임자이면서 「중대재해처벌법」에 따른 안전 및 보건 확보의무를 부담하는 경영책임자에 해당합니다.

Q20 사업장에 대표이사 외에 실질적으로 업무 진행이나 시행을 하는 본부장이 있는 경우, 누가 「중대재해처벌법」상 경영책임자에 해당하나요?

「중대재해처벌법」 제2조제9호에 따른 경영책임자등은 사업을 대표하고 사업을 총괄하는 권한과 책임이 있는 사람이며, 통상적으로 상법상 주식회사의 경우 그 대표이사를 말합니다.

다만, 형식상의 직위나 명칭에 관계없이 실질적으로 사업을 대표하고 사업을 총괄하는 권한과 책임이 있는 사람이 안전 및 보건 확보의무 이행에 관한 최종적인 의사결정권을 가지는 사람이 「중대재해처벌법」상 경영책임자에 해당합니다.

따라서 해당 사업에서의 직무, 책임과 권한 및 기업의 의사결정 구조 등을 종합적으로 검토하여 최종적으로 누가 경영책임자에 해당하는지 여부를 판단해야 합니다. (중대산업재해감독과-2022, 2022. 1. 28.)

Q21 공사 감리자, 발주자의 업무대행자는 「중대재해처벌법」 상 경영책임자에 해당하나요? (중대재해처벌법령 FAQ Q9)

해당 공사기간 동안 건설공사 현장을 실질적으로 지배·운영·관리하는 시공사의 대표이사 등이 「중대재해처벌법」상 경영책임자에 해당합니다.

따라서 건설공사 감리자 또는 발주자의 업무대행자는 「중대재해처벌법」에 따른 경영책임자에 해당하지 않습니다.

Q22 발주청과 '감독업무 대행협약'을 체결하여 공사 착공부터 준공까지 공사 시공에 관한 감독 업무를 수행하는 대행업체는 시공사와 도급, 용역, 위탁 등의 관계가 없으므로 시공사의 종사자에 대해 「중대재해처벌법」 제4조, 제5조에 따른 책임이 없는 것인지?

「중대재해처벌법」상 경영책임자등이 안전·보건 확보의무를 이행해야 하는 대상인 종사자는 개인사업주나 법인 또는 기관의 근로자, 노무를 제공하는 자, 사업이 여러 차례 도급에 따라 행하여지는 경우 각 단계의 수급인 및 수급인과 근로자, 노무를 제공하는 자의 관계에 있는 자를 말합니다.

발주청과 '감독업무 대행협약'을 체결하여 공사 착공부터 준공까지 공사 시공에 관한 감독 업무를 수행하는 대행업체는 발주청으로부터 공사 감독에 관한 감독업무를 위탁받아 수행하는 것일 뿐 발주청 또는 시공사와는 근로관계 등 계약관계가 없고, 시공사와의 사이에 공사 업무에 관한 도급, 용역, 위탁 관계도 없으므로 시공사의 종사자는 「중대재해처벌법」상 대행업체의 종사자에 해당하지 않습니다.

따라서 시공사의 종사자에게 중대산업재해가 발생하는 경우 대행업체는 「중대재해처벌법」의 적용 대상이 아닙니다. 다만, 대행업체의 근로자 등 종사자에 해당하는 공사감독자에게 중대산업재해가 발생하는 경우에는 대행업체의 경영책임자등은 「중대재해처벌법」의 적용대상이 됩니다. (중대산업재해감독과-1714, 2021. 11. 22.)

Q23
대학교와 의료기관 등이 속한 사립학교 법인의 경우 학교 법인 산하 의료기관에서 중대산업재해 발생 시「중대재해 처벌법」이 적용되는 경영책임자가 법인 이사장인지 병원 장인지?

👷 「중대재해처벌법」에 따른 경영책임자는 '사업을 대표하고 사업을 총 괄하는 권한과 책임이 있는 사람'으로서, 사업 운영에 있어 대내적으 로 사무를 총괄하여 집행하고 대외적으로 해당 사업을 대표하는 사 람을 말합니다.

👷 따라서 학교법인의 경우 법인의 이사장이 학교법인의 운영을 대표 하고, 학교의 운영을 총괄하는 권한과 책임이 있으므로, 이사장이 「중대재해처벌법」에 따른 경영책임자에 해당합니다. (중대산업재해감 독과-1725, 2021. 11. 22.)

Q24 공립학교에서 중대산업재해 발생 시에 「중대재해처벌법」이 적용되는 경영책임자는 누구인가요?

🪖 「교육자치법」 제2조는 지방자치단체의 교육·과학·기술·체육 그 밖의 학예에 관한 사무는 특별시·광역시 및 도의 자치사무로 규정하고 있으며, 「교육자치법」 제3조에 따르면 지방자치단체의 교육·학예에 관한 자치사무의 집행기관으로 교육감을 두고 있고, 교육·학예에 관한 사항에 대해서는 교육감이 지방자치단체를 대표하고 그 사무를 총괄하는 자에 해당합니다.

🪖 따라서 공립학교의 경우 지방자치단체의 교육·학예에 관한 사무(공립학교)를 대표하고 해당 사무를 총괄하는 권한과 책임이 있는 교육감이 경영책임자에 해당합니다.

Q25 3개의 기관이 공동으로 연구개발사업을 수행 중 중대산업재해가 발생했을 경우, 「중대재해처벌법」상 안전 및 보건 확보의무가 누구에게 있는지?

3개의 기관이 공동으로 연구개발사업을 수행하는 경우 원칙적으로 각 기관의 경영책임자등은 해당 기관이 실질적으로 지배·운영·관리하는 사업 또는 사업장에서 종사자에 대한 안전 및 보건 확보의무를 이행해야 합니다.

보다 구체적으로는 연구기관 간의 계약 내용 및 역할, 각 기관과 종사자와의 계약 관계, 각 기관의 종사자 배치 여부, 작업 상황, 작업 지시, 작업 장소 등 사업 운영 형태에 따라 각 기관에 대해 종사자에 대한 「중대재해처벌법」상 안전 및 보건 확보의무가 있는지 여부를 개별적으로 판단해야 할 것입니다. (중대산업재해감독과-371, 2022. 1. 28.)

Q26 「연구실 안전환경 조성에 관한 법률」의 적용을 받는 대학교 내에 근무 중인 산학협력단 직원이 연구실에서 발생한 사고(「연구실안전법」상 '중대연구실사고')로 중대산업재해를 입는다면 「중대재해처벌법」상 경영책임자가 누구인지?

산학협력단이 대학의 소속기관이라면 국립대학의 경우 국립대학을 대표하며 국립대학의 경영을 총괄하는 권한과 책임이 총장에게 있으므로 해당 총장이 경영책임자에 해당하고, 사립대학이라면 이사장이 학교법인을 대표하고 사립학교법과 각 법인의 정관에 따라 규정된 직무를 수행하며 학교법인 내부의 사무를 총괄하므로 해당 이사장이 경영책임자에 해당합니다.

반면, 산학협력단이 대학과 별도의 법인이라면 산학협력단을 대표하고 산학협력단의 사업을 총괄하는 권한과 책임이 있는 사람이 「중대재해처벌법」상 경영책임자에 해당하고, 이 경우에 대학과 산학협력단 간의 계약관계가 도급, 용역, 위탁 등의 관계이면 국립대학의 총장 또는 사립대학의 이사장도 「중대재해처벌법」이 적용될 수도 있습니다. (중대산업재해감독과-2003, 2021. 12. 20.)

1-5. 법 적용 대상 사업 또는 사업장

Q27 사무직만 있는 회사도 「중대재해처벌법」이 적용되나요?

....

🪖 「산업안전보건법」의 경우 사무직에 종사하는 근로자만을 사용하는 사업 또는 사업장에 대해서는 안전보건관리체제, 안전보건관리규정, 안전·보건 교육, 도급인의 안전 및 보건조치 등의 적용을 제외하고 있습니다. 여기에서 사무직에 종사하는 근로자는 "공장 또는 공사현장과 같은 구역에 있지 않은 사무실에서 서무·인사·경리·판매·설계 등의 사무업무에 종사하는 근로자를 말하며, 판매업무 등에 직접 종사하는 근로자는 제외"됩니다.

🪖 그러나, 「중대재해처벌법」은 제3조에 중대산업재해의 적용범위를 정하면서 산업이나 업종에 따라 그 적용을 달리하도록 규정하고 있지는 않습니다. 따라서 법 제4조에 따른 안전 및 보건 확보의무는 상시근로자가 5명 이상인 모든 사업 또는 사업장에 적용됩니다.

🪖 다만, 안전·보건 관리체계의 구축 등은 사업 또는 사업장이나 주된 직종의 특성 등에 따른 유해·위험요인을 고려하여 다르게 구축할 수 있습니다.

Q28 해외 사업장의 현지근로자는 「중대재해처벌법」 대상인가요?

🪖 「중대재해처벌법」은 상시근로자가 5인 미만인 사업 또는 사업장 이외의 모든 사업장을 적용대상으로 규정하면서 중대재해의 발생 장소에 대해 별도의 제한규정을 두고 있지 않습니다. 따라서 외국법에 따라서 설립된 해외 법인 사업장의 경우에도 국내 법인 소속 근로자가 출장·파견 등을 통해 업무를 수행하고 있고, 국내 법인이 해외 사업장을 실질적으로 지배·운영·관리한다면 「중대재해처벌법」이 적용될 것입니다.

🪖 다만, 해외 사업장에서 중대재해가 발생하는 경우 여건상 증거수집 등 수사를 위한 재해조사에 어려움이 있다는 점에서 「중대재해처벌법」 적용은 현실적으로 어려울 것입니다.

Q29 중대산업재해의 적용범위나 시행 유예 및 전담조직 설치 등과 관련하여 '상시근로자'는 기업 전체를 기준으로 산정하는 것인가요?

🪖 「중대재해처벌법」은 상시근로자가 5인 미만인 사업 또는 사업장 이외의 모든 사업장을 적용대상으로 규정하고 있습니다.

🪖 「중대재해처벌법」은 종사자의 산업재해를 예방하기 위하여 안전보건관리시스템 구축 등 경영책임자의 안전 및 보건 확보의무를 규정하고 있으므로 법의 적용 여부 등도 장소적 개념에 따른 사업장 단위가 아닌 경영상 일체를 이루면서 유기적으로 운영되는 사업을 기준으로 법의 적용 여부를 판단합니다.

🪖 따라서 상시근로자수를 산정함에 있어서도 개별 사업 또는 사업장의 상시근로자수를 모두 합산하여 판단하여야 합니다.

Q30

상시근로자 수를 산정할 때 정규직 근로자 외에 일용근로자, 기간제 근로자, 파트타임 근로자, 하도급업체(수급인) 근로자, 파견근로자를 모두 포함하여야 하는가요?

상시근로자에 포함되는 근로자는 「근로기준법」상 근로자를 말합니다. 따라서 상시근로자 수를 산정할 때에는 정규직 근로자는 물론이고 일용근로자, 기간제 근로자, 파트타임 근로자를 모두 포함하여 산정하여야 합니다.

그러나 도급, 용역, 위탁 등을 행한 제3자(이하 "수급인 등")의 근로자는 경영책임자등의 안전 및 보건 확보의무의 대상은 되지만, 해당 사업 또는 사업장의 상시근로자에는 포함되지 않습니다.

파견근로자는 「파견법」 제35조에 따라 사용사업주를 「산업안전보건법」상 사업주로 보며, 도급, 용역, 위탁 등의 관계에서만 적용되는 안전 및 보건 확보의무를 별도로 규정하고 있는 체계 등을 고려할 때 상시근로자에 포함된다는 입장이 있으나, 「근로기준법」은 상시근로자 수를 산정함에 있어 파견근로자를 제외하고 있다는 점, 파견법에서 파견근로자 사용사업주를 「산업안전보건법」에 한정하여 사용자로 규정하고 있다는 점에서 상시근로자 수를 산정할 때 제외하는 것이 타당할 것입니다. (중대산업재해감독과-367, 2022. 1. 28.)

Q31

회사의 일부 사업장은 상시 근로자 수가 5명 미만인데 해당 사업장에는 「중대재해처벌법」이 적용되지 않는 것인가요? (중대재해처벌법령 FAQ Q10)

👷 「중대재해처벌법」의 적용 단위는 개별 사업장 단위가 아니라 하나의 사업 또는 사업장 전체입니다. 따라서 「중대재해처벌법」 적용대상 여부는 사업장별 인원이 아니라 경영상 일체를 이루는 하나의 회사에 속한 모든 사업장(지리적으로 떨어져 있는 경우를 포함)과 본사의 상시근로자를 모두 합한 수를 기준으로 판단합니다.

👷 예컨대 하나의 회사에 본사를 포함한 20개의 사업장이 있고 각 사업장에 소속된 상시근로자가 4명이라고 하면 이 회사의 상시근로자수는 80명(20개×4명)이므로 회사 전체가 「중대재해처벌법」의 적용대상이 됩니다.

👷 또한, 「산업안전보건법」의 일부 규정이 적용 제외되는 업종인지 여부, 사무직만 사용하는지 여부, 영리·비영리 여부 등과는 무관하게 상시근로자 수가 5명 이상인 사업 또는 사업장이라면 「중대재해처벌법」이 적용됩니다.

Q32 상시근로자 수를 산정할 때 상시의 의미는 무엇이며, 구체적으로 어떻게 산정하나요?

🪖 '상시'의 의미는 평상 상태를 말하므로 일시적으로 5인 미만이 되더라도 일정한 기간을 평균하여 5인 이상이면 상시 5인 이상에 해당됩니다.

🪖 상시근로자 수의 산정 방식은 「근로기준법」 적용범위와 관련한 상시근로자 수 산정방법을 참고하여 해당 사업 또는 사업장에서 법 적용 사유발생일 전 1개월 동안 사용한 근로자의 연인원을 같은 기간 중의 가동일수로 나누어 산정하면 될 것입니다.

* 1개월 동안 사용한 근로자의 연인원/같은 기간 중의 가동일수

🪖 또한, 건설업의 상시근로자 수의 산정은 총공사계약금액에 해당 연도의 노무비율을 곱하여 나온 수를 해당 연도의 건설업 월평균임금과 조업월수를 곱하여 나온 수로 나누어 산정하면 됩니다.

* 총공사계약금액×건설업 일반노무비율/건설업 월 평균임금×조업월수

중대재해처벌법 백문백답

Q33 상시근로자수가 50명이 넘어도 법인이 아니라 개인사업주로 운영하고 있으면 '24.1.27부터 법을 적용받은 것이 맞나요? (중대재해처벌법령 FAQ Q14)

「중대재해처벌법」 부칙 제1조제1항에 따르면, 개인사업주에 대해서는 이 법 공포 후 1년이 경과한 날부터 시행하도록 규정하고 있으므로 개인사업주가 운영하는 사업 또는 사업장의 경우에는 상시근로자 수와 관계없이 '24.1.27.부터 법이 적용됩니다.

Q34

건설업의 경우 법 적용이 유예되는 기준인 공사금액 50억 원 미만인 공사는 어떤 기준으로 판단해야 하나요? (중대 재해처벌법령 FAQ Q13)

👷 「중대재해처벌법」 부칙 제1조제1항 단서에 따라 건설업의 경우에 공사금액 50억원 미만의 공사에 대해서는 '24. 1. 27. 부터 법이 적용됩니다.

👷 이 경우에 공사금액 50억원 미만의 공사는 건설공사가 수행되는 각 사업장(공사현장)을 판단하되, 공사금액은 당사자가 계약을 체결한 총 공사금액으로서 시공사인 도급인은 발주자와 계약한 금액을 기준으로, 수급인은 도급인과 체결한 공사금액을 기준으로 판단합니다.

👷 총 공사금액에는 건설공사발주자 또는 도급인이 제공하는 재료의 가액(시공사가 직접 시공하는 경우)이 포함되며, 부가가치세도 합산하여 산정합니다.

Q35 건설회사에서 상시근로자 수가 50명 미만이나, 현장 공사금액이 50억원 이상일 때 적용 유예 대상인가요?

🪖 「중대재해처벌법」 부칙 제1조제1항 단서에 건설업의 경우 예외적으로 사업 또는 사업장에 갈음하여 개별 건설공사를 단위로 시행을 규정하였으므로 상시근로자 수에 관계없이 금액이 50억원 이상인 건설공사를 기준으로 적용 유예 대상을 판단합니다.

🪖 이 경우에 공사금액 50억원 미만의 공사는 건설공사가 수행되는 각 사업장(공사현장)을 단위로 판단하면 됩니다.

Q36 건설업과 제조업을 모두 운영하는 경우 법 적용 유예 기준은 어떻게 되는지?

「중대재해처벌법」 부칙 제1조는 개인사업주 또는 상시근로자 50명 미만인 사업 또는 사업장에 대해서 공포 후 3년이 경과한 날('24. 1. 27.)부터 시행하도록 규정하고 있고, 이 경우 상시근로자 수는 각 사업장을 모두 포함한 전체 사업을 단위로 판단합니다.

다만, 건설업의 경우 예외적으로 사업 또는 사업장에 갈음하여 개별 건설공사를 단위로 시행일을 규정하였으므로 각 건설공사 현장 단위(사업장)로 공사금액이 50억원 이상인지 여부로 판단해야 합니다.

건설업과 제조업을 모두 운영하는 회사의 경우에도 건설공사 현장에서는 건설업을 영위하는 것이므로, 해당 건설공사 현장은 상시근로자 수가 아닌 공사금액을 기준으로 법 적용 유예 여부를 판단해야 합니다. (중대산업재해감독과-237, 2022. 1. 26.)

Q37
상시근로자가 30명인 제조업체(A사)가 상시근로자 25명인 제조업체(B사)와 업무위탁계약을 체결한 경우, 법 부칙 제1조에 따른 A사에 대한 「중대재해처벌법」 적용 시기는 언제인가요?

🪖 「중대재해처벌법」의 적용 여부 판단을 위한 상시근로자 수는 개인사업주나 법인 또는 기관의 소속근로자만을 기준으로 산정합니다.

🪖 따라서 A사가 B사에게 업무 위탁을 한 경우 위탁자인 A사의 경우 소속된 상시근로자 수(기업 전체 기준으로 합산하여 산정)를 기준으로 「중대재해처벌법」 부칙 제1조에 따른 적용 시기를 판단하며, 수탁자인 B사의 상시근로자 수는 합산하여 산정하지 않습니다.

🪖 결국, 기업 전체의 상시근로자 수가 50명 미만인 A사의 경우에는 「중대재해처벌법」 부칙 제1조 단서에 따라 2024. 1. 27.부터 법이 시행됩니다. (중대산업재해감독과-477, 2022. 2. 10.)

Q38

「정보통신공사업법」상 등록 기준 4명을 충족하고 있는 정보통신공사업체의 경우, 시공 공사현장에 근무하는 일용 근로자를 포함하여 5명이 넘으면 「중대재해처벌법」 적용 대상인가요?

🪖 「중대재해처벌법」상 근로자는 「근로기준법」상 근로자이므로 상시근로자 수는 「근로기준법」 시행령 제7조의2의 기준에 따라 산정하여야 하고, 그 결과 해당 업체의 전체 사업 또는 사업장의 상시근로자 수가 5명 이상이라면 원칙적으로 「중대재해처벌법」 적용 대상에 해당됩니다.

🪖 다만, 상시근로자 수가 5명 이상인 기업의 경우에도 건설업의 경우에는 예외적으로 공사금액 50억원 미만의 공사에 대해 공포 후 3년이 경과한 날('24. 1. 27.)부터 법이 시행되므로, 상시근로자 수가 아닌 각각의 건설 공사현장의 공사금액이 50억원 미만인지 여부에 따라 법 적용 여부를 판단해야 할 것입니다. (중대산업재해감독과-327, 2022. 1. 26.)

Q39 도급 시 원청 상시근로자수는 40명, 하청 상시근로자수 는 15명인 경우 상시근로자 수 산정에 따른 법의 적용시 기가 언제인지?

🪖 「중대재해처벌법」 제3조의 "상시근로자"란 「근로기준법」상 상시근로 자를 말하며 도급, 용역, 위탁 등을 행한 제3자의 근로자나 「근로기 준법」상의 근로자가 아닌 노무를 제공하는 자는 개인사업주나 법인 또는 기관의 상시 근로자 수 산정에는 포함하지 않습니다.

🪖 따라서 원청 상시근로자수는 40명, 하청 상시근로자수는 15명인 경 우 하청업체 인원을 상시 근로자 수 산정 시 제외하여야 할 것으로 보이므로, 상시근로자 수 50명 미만에 해당되어 공포 후 3년이 경과 한 '24. 1. 27. 부터 「중대재해처벌법」이 적용됩니다. (중대산업재해감독 과-318, 2022. 1. 26.)

사업주와 경영책임자등의 안전 및 보건 확보의무

Q40 「중대재해처벌법」에는 경영책임자등에게 안전보건관리체계 구축 등의 의무를 부여하고 있는데 회사에서 안전보건경영시스템(KOSHA-MS) 인증을 받으면 「중대재해처벌법」의 의무사항을 이행한 것으로 볼 수 있는지?

안전보건경영시스템(KOSHA-MS)은 기업이 자율적으로 안전보건에 관한 시스템을 구축한 후에 산업안전보건공단을 통해 인증을 받아 적정성을 확인하는 제도입니다. 이것은 해당 사업 또는 사업장의 경영적 필요에 따라 인증 여부를 자율적으로 판단하고 평가를 받는 것입니다.

그러나 「중대재해처벌법」상 안전보건관리체계는 중대재해가 발생한 시점에서 경영책임자등이 종사자의 안전보건 확보의무를 다하였는지를 사법적 관점에서 평가하는 것입니다.

따라서 안전보건경영시스템(KOSHA-MS)의 인증은 「중대재해처벌법」상 안전보건관리체계 구축 의무를 이행하였는지 여부를 판단할 때 참고사항이 될 수는 있으나, 안전보건경영시스템(KOSHA-MS)의 인증으로 「중대재해처벌법」상 안전보건관리체계 구축 의무를 다한 것으로 보기는 어려울 것입니다.

2-1. 안전보건 목표와 경영방침의 설정

Q41 사업 또는 사업장의 안전·보건에 관한 목표와 경영방침을 설정하여 취업규칙 등에 명시해야 하는지?

👷 「중대재해처벌법」 시행령 제4조제1호에 따라 경영책임자등은 사업 또는 사업장의 안전·보건에 관한 목표와 경영방침을 설정하여야 하되, 이를 취업규칙 등에 명시할 것을 규정하고 있지는 않습니다.

👷 다만, 안전·보건에 관한 목표와 경영방침은 경영책임자의 공식화된 문서 등으로 모든 종사자가 상시적으로 볼 수 있는 장소(매체)에 공개하는 것이 바람직하며, 이를 취업규칙 등에 명시하는 것은 필요시 자율적으로 결정할 수 있습니다. (중대산업재해감독과-367, 2022. 1. 28.)

Q42 회사 전체 상시근로자 수가 약 700명 이상이고, 전국에 20개 이상 센터(센터별 근로자 수 다름)를 운영하고 있는 경우, 안전관리자 등 전문인력의 업무를 위탁한 경우에는 전문인력을 어떤 기준으로 계산해야 하는지?

「산업안전보건법」에 따라 두어야 하는 안전관리자 등 전문인력 배치 기준은 해당 사업 또는 사업장의 규모와 위험도를 고려하여 정한 것으로서, 「중대재해처벌법」에 따라 전담 조직을 두어야 하는 사업 또는 사업장 해당 여부도 이러한 기준에 따르고 있으므로, 안전관리자의 업무를 안전관리전문기관에 위탁하여 각 사업장에 실제로 안전관리자를 배치하지 않은 경우라 하더라도, 그와 무관하게 안전관리자 등 전문인력 배치 기준에 따라 전담 조직을 두어야 하는 사업장인지 여부를 판단하여야 합니다. (중대산업재해감독과-1713, 2021. 11. 26.)

Q43 상시근로자 수가 500명 이상이지만, 「산업안전보건법령」에 따라 안전관리자 1명, 보건관리자 1명만 고용한 사업장의 경우 「중대재해처벌법」상 전담 조직 설치 의무가 없는 것인지?

👷 「중대재해처벌법」 시행령 제4조제2호에 따른 전담 조직 설치의 요건인 「산업안전보건법」 제17조부터 제19까지 및 제22조에 따라 두어야 하는 안전관리자 등 전문인력의 수는 전체 사업 또는 사업장에서 '선임해야 할 의무가 있는' 전문인력의 수로 판단합니다.

👷 따라서 「산업안전보건법령」에 따라 전체 사업 또는 사업장에 두어야 할 의무가 있는 전문인력이 3명 이상이라면, 「산업안전보건법」 제17조제5항에 따라 안전관리자 등의 업무를 안전관리전문기관에 위탁하거나 「기업규제완화법」 제29조에 따라 안전관리자를 채용한 것으로 간주한 경우와 같이 해당 사업 또는 사업장에 실제로 전문인력을 두지 않은 경우라도 「중대재해처벌법」상 전담 조직을 설치해야 합니다. (중대산업재해감독과-65, 2022. 1. 7.)

Q44

하나의 법인에 따로 관리하는 다음과 같은 두 개의 독립된 사업장(A, B)이 있는 경우(A 사업장 상시근로자 수: 460명, B 사업장 상시근로자 수: 46명)에 전담 조직 구성 의무가 있나요?

「중대재해처벌법」시행령 제4조제2호에 따른 전담 조직 설치 기준의 경우 개인사업주나 법인 또는 기관이 회사(법인) 전체의 모든 사업장에 두어야 하는 안전관리자 등 전문인력의 수를 합산하여 3명 이상인지 여부에 따라 판단해야 하며, 상시근로자 수는 기업 전체의 모든 사업장의 상시근로자 수를 합산하여 500명 이상인지 여부를 판단하여야 합니다.

따라서, 각 사업장의 상시근로자 수를 다 합쳐 500명 이상에 해당되고 각 사업장에 두어야 하는 전문인력의 수를 합산하여 3명 이상이라면 전담 조직을 구성하여야 합니다.

Q45

사무직만 사용하는 사업장으로, 「산업안전보건법」 별표
1에 해당되어 안전관리자, 보건관리자, 산업보건의 선
임적용이 예외가 되는 경우에 전담 조직 구성의무가 있
는지?

⛑ 「중대재해처벌법」 시행령 제4조제2호에 따른 전담 조직은 개인사업
주나 법인 또는 기관이 회사(법인)의 모든 사업장에 두어야 하는 안전
관리자 등 전문인력의 수가 3명 이상이고, 회사 전체의 모든 사업장의
상시근로자 수를 합산하여 500명 이상일 때 설치하여야 합니다.

⛑ 「산업안전보건법」 시행령 별표 1에 의해 특정 사업장이 안전관리자,
보건관리자, 산업보건의 선임 적용 예외가 되더라도 전담 조직 구성
여부 판단은 모든 사업장에 두어야 하는 전문인력의 수를 합산하여
야 합니다. (중대산업재해감독과-307, 2022. 1. 26.)

Q46

안전·보건에 관한 전담 조직은 몇 명으로 구성해야 하고, 사업장별로 안전관리자가 배치되어 있는데 본사 소속으로 바꿔야 하나요? (중대재해처벌법령 FAQ Q15)

안전·보건에 관한 전담 조직은 경영책임자의 안전 및 보건 확보의무 이행을 위한 집행 조직으로서 실질적으로 「중대재해처벌법」 제4조 및 제5조에 따른 의무를 총괄하여 관리할 수 있어야 하며, 구체적으로는 사업 또는 사업장의 안전보건관리체계를 관리·감독하는 등 개인사업주 또는 경영책임자등을 보좌하고, 개인사업주나 법인 또는 기관의 안전·보건에 관한 컨트롤 타워로서의 역할을 하는 조직을 의미합니다.

따라서, 전담 조직은 최소 2명 이상은 되어야 하되, 사업 또는 사업장의 규모, 사업, 작업 특성 및 시설 등에 따른 위험도를 고려하여 "사업 또는 사업장"의 안전 및 보건 확보의무 이행을 총괄적으로 관리하기에 합리적인 수준으로 구성되어야 합니다.

다만, 전담 조직은 사업장 현장별로 두어야 하는 안전관리자등과는 그 의무와 역할이 다르므로 별도의 인력으로 구성하여야 합니다.

Q47 사업장이 여러 개인 경우 전담 조직은 반드시 본사에만 설치해야 되나요? (중대재해처벌법령 FAQ Q16)

🪖 전담 조직을 반드시 본사에 설치하여야 하는 것은 아닙니다.

🪖 다만, 전담 조직은 경영책임자를 보좌하여 여러 개의 사업장 전체에 대한 안전 및 보건에 관한 업무를 총괄·관리하는 기능을 수행해야 하므로 경영책임자가 업무를 수행하는 본사에 설치하는 것이 바람직할 것입니다.

Q48 「산업안전보건법」에 따라 원래부터 있었던 안전관리자, 보건관리자를 전담 조직에 포함하여 구성해도 되나요?

🪖 사업장이 여러 곳에 분산되어 있는 경우에는 각 사업장에 두고 있는 안전관리자, 보건관리자 등 전문인력 외에 별도의 인력으로 전담 조직을 구성해야 합니다.

🪖 하나의 사업장만 있는 경우이거나 사업장이 여러 곳에 있는 경우에도 본사 소속 안전관리자 등을 전담 조직의 구성원으로 포함할 수는 있으나, 이들이 「중대재해처벌법」상 안전보건관리체계 구축 등 전담 조직의 업무를 수행함에 따라 본연의 업무인 「산업안전보건법」상 직무를 소홀히 하여 현장의 안전보건관리에 지장을 초래하지 않도록 운영해야 할 것입니다.

Q49 전담 조직 구성원의 자격 기준이 있나요? (중대재해처벌법령 FAQ Q21)

🪖 「중대재해처벌법령」상 전담 조직의 구성원에 대해서는 별도의 자격 기준은 없습니다.

🪖 다만, 안전경영의 측면에서 전체 사업 또는 사업장의 안전 및 보건에 관한 업무를 총괄·관리하기에 적합한 직무수행 능력을 가진 인력으로 전담 조직을 구성하는 것이 바람직할 것입니다.

Q50 전담 조직에서 소방업무, 시설관리업무, 전기업무 등을 같이 해도 되는지요? (중대재해처벌법령 FAQ Q18)

⛑ 전담 조직은 경영책임자의 안전 및 보건 확보의무 이행을 위한 집행 조직으로서 실질적으로 「중대재해처벌법」 제4조 및 제5조에 따른 의무를 총괄하여 관리할 수 있어야 하며, 구체적으로는 사업 또는 사업장의 안전보건관리체계를 관리·감독하는 등 개인사업주 또는 경영책임자등을 보좌하고, 개인사업주나 법인 또는 기관의 안전·보건에 관한 컨트롤 타워로서의 역할을 하여야 합니다.

⛑ 또한, 전담 조직은 소방, 시설관리, 전기 등에 관한 업무를 수행하는 조직이 아니라 이러한 작업에 대한 유해·위험요인의 개선 여부를 점검하는 등 안전보건상의 관리업무를 하는 조직입니다.

⛑ 따라서 전담 조직에서 안전보건업무를 총괄·관리하는 사람은 소방, 시설관리, 전기 등의 업무를 함께 수행할 수 없으며, 생산관리, 일반행정 등 안전·보건관리와 상충되는 업무를 함께 수행할 수도 없습니다.

Q51 기존에 설치된 안전환경팀도 전담 조직으로 인정되는지 요? (중대재해처벌법령 FAQ Q19)

🪖 전담 조직은 경영책임자의 의무이행을 총괄하여 관리하기 위한 조직으로서 안전보건을 확보하는 컨트롤 타워 역할을 수행해야 하므로 독립된 조직으로 구성하여 전체 사업 또는 사업장의 안전 및 보건에 관한 업무만을 전담하도록 하고, 그 구성원도 해당 업무만 전담하여 수행하는 것이 바람직합니다.

🪖 기존에 설치된 안전환경팀에서 환경업무와 함께 안전 및 보건에 관한 업무를 수행해 온 경우에는 같은 팀 내에서라도 안전 및 보건에 관한 총괄·관리업무를 전담 수행하는 인력과 조직을 구분해 주는 것이 바람직할 것입니다.

Q52 「중대재해처벌법」 시행령 제4조제2호에 따른 '안전·보건에 관한 업무를 총괄·관리하는 전담 조직'을 구성한 경우, 해당 전담 조직에서 대기배출 현황 관리, ESG 관리, 폐수 배출 관리, 폐기물 관리 등 환경 관련 업무도 함께 수행해도 되는지?

「중대재해처벌법」 시행령 제4조제2호는 안전·보건에 관한 업무를 총괄·관리하는 '전담' 조직을 두도록 규정하고 있으므로 해당 조직의 장과 그 소속 직원 모두 안전·보건에 관한 업무만 총괄·관리하여야 하며, 안전·보건과 무관하거나 생산관리, 일반행정 등 안전·보건과 목표의 상충이 일어날 수 있는 업무를 함께 수행할 수 없습니다.

따라서 전담 조직이나 그 조직의 장은 '안전·보건'에 관한 업무 외에 '환경' 등 다른 업무를 함께 수행할 수 없습니다. (중대산업재해감독과-1721, 2021.12.20.)

Q53

대학교와 의료기관 등이 속한 사립학교 법인의 경우에 의료기관에서 안전관리자 및 보건관리자를 병원장 직속으로 두고 별도 조직으로 운영 중인데, 해당 조직이 「중대재해처벌법」상 전담 조직으로 인정되는지?

「중대재해처벌법」 시행령 제4조제2호에 따른 '안전·보건에 관한 업무를 총괄·관리하는 전담 조직'은 경영책임자의 안전 및 보건 확보 의무 이행을 위한 집행 조직으로서, 실질적으로 전체 사업 또는 사업장에 대한 법 제4조 및 제5조에 따른 의무 이행을 총괄하여 관리할 수 있어야 합니다.

따라서 전담 조직은 사업장이 여러 곳에 분산되어 있는 경우라도 「산업안전보건법」과 「중대재해처벌법」의 취지와 각각의 의무 등을 고려할 때 각 사업장별로 두어야 하는 안전관리자 및 보건관리자 등 전문인력 외에 별도의 인력으로 조직을 구성하여야 합니다.

만약 대학교 또는 의료기관이 독립성을 갖고 분리되어 있어 별개의 사업장으로 평가될 수 있고, 각 사업장별로 전문인력을 선임하고 해당 사업장의 안전보건관리책임자의 직속 조직에 속하도록 했다 하더라도, 그 전문인력은 각 사업장으로서 해당 대학교 또는 의료기관에서 「산업안전보건법」에 따른 안전 또는 보건관리자의 업무를 수행해야 하는 것이며, 전담 조직은 전체 사업 또는 사업장으로서 학교법인의 안전·보건에 관한 업무를 총괄·관리해야 하므로, 이러한 전문인력과는 별도로 구성되어야 합니다. (중대산업재해감독과-1725, 2021. 11. 22.)

Q54 전담 조직은 반드시 경영책임자의 결재를 받아야 하나요? (중대재해처벌법령 FAQ Q20)

🪖 종사자에 대한 안전 및 보건 확보의무는 경영책임자의 의무이며 이를 위반하여 중대산업재해가 발생하는 경우 그 책임은 경영책임자에게 귀속됩니다.

🪖 여기에서 전담 조직의 역할은 경영책임자의 안전 및 보건 확보의무가 실효성 있게 이행되도록 함으로써 중대산업재해를 예방하는 것이므로 그 주요 업무에 대해서는 경영책임자에게 보고하고 결재를 받을 필요가 있습니다.

🪖 특히, 「중대재해처벌법」 제4조 및 제5조에 따라 경영책임자가 보고를 받도록 규정한 사항에 대하여 경영책임자가 보고를 받지 않았다면, 그 자체로 안전 및 보건 확보의무를 위반한 것이 될 수 있을 것입니다.

Q55 전담 조직을 설치해야 하는 의료기관의 경우 전담 조직은 통합 사무실에서 다른 업무를 하는 부서 등과 함께 업무를 수행할 수 있는지 아니면 독립적인 공간에 마련해야 하는지?

「중대재해처벌법령」은 전담 조직의 인원, 자격 등 구성 방법 및 독립적인 공간 확보 등 운영 방법에 관하여 구체적으로 규정하고 있지 않으므로, 사업 또는 사업장의 특성, 규모 등을 종합적으로 고려하여 업무 공간을 자율적으로 정할 수 있습니다. (중대산업재해감독과-373, 2022. 1. 28.)

Q56 본사에 선임된 안전관리자가「중대재해처벌법」상의 전담 조직 인원으로 겸직이 가능한가요?

🪖 사업장이 여러 곳인 경우「산업안전보건법」에 따라 각 사업장에 두어야 하는 안전관리자 등과「중대재해처벌법」상 전담 조직 구성원은 그 의무와 역할이 다르므로 별도의 인력으로 구성하는 것이 좋습니다.

🪖 안전관리자 등과 같은 전문인력은 각 사업장에서 안전에 관한 기술적 사항에 관하여 안전보건관리책임자를 보좌하고 관리감독자에게 지도·조언을 하는 등의「산업안전보건법」에 따른 직무를 수행하여야 합니다.

🪖 그런데, 안전관리자 등에게 전체 사업장을 총괄하여 수행토록 할 경우 본래의 직무를 충실히 수행하지 못하게 되고 이는「산업안전보건법」을 위반한 것으로 볼 여지가 있으며, 이 경우「중대재해처벌법」상「안전보건관계법령」에 따른 의무이행에 필요한 관리상의 조치' 의무를 위반한 것으로도 볼 수 있습니다. (중대산업재해감독과-335, 2022. 1. 26.)

Q57 전담 조직 구성 시 대표이사 직속기구로 새로운 조직을 만들어야 하는지 또는 실질적인 안전·보건관리 총괄·관리 조직으로서 기능한다면 전담 조직으로 인정 가능한지?

사업장이 여러 곳인 경우 「산업안전보건법」에 따라 각 사업장에 두어야 하는 안전관리자 등과 「중대재해처벌법」상 전담 조직 구성원은 그 의무와 역할이 다르므로 별도의 인력으로 구성하는 것이 좋습니다.

전담 조직을 반드시 본사에 두어야 하는 것은 아니지만 전담 조직은 경영책임자를 보좌하여 여러 개의 사업장 전체에 대한 안전 및 보건에 관한 업무를 총괄·관리하는 기능을 수행해야 하므로, 경영책임자가 업무를 수행하는 본사에 설치하는 것이 바람직할 것입니다. (중대산업재해감독과-367, 2022. 1. 28.)

Q58 전담 조직에서 수행하여야 하는 업무는 구체적으로 무엇입니까?

🪖 「중대재해처벌법」시행령 제4조제2호에 규정된 바와 같이 전담 조직에서는 안전·보건에 관한 업무를 총괄·관리하는 업무를 수행해야 합니다.

🪖 보다 구체적으로는 「중대재해처벌법령」 안전보건 관계 법령에 따른 종사자의 안전보건상 유해·위험 방지 정책의 수립이나 안전·보건 전문인력의 배치, 안전·보건 관련 예산의 편성 및 집행관리 등 법령상 필요한 조치의 이행이 이루어지도록 하는 등 사업 또는 사업장의 모든 안전보건 전반에 대하여 총괄·관리하는 업무를 수행해야 합니다.

🪖 다만, 사업장의 모든 안전·보건조치 등 안전·보건에 관한 업무를 직접 수행하라는 것은 아닙니다.

2-3. 유해·위험요인 확인·개선

Q59

고용노동부고시 2020-53호 「사업장 위험성평가에 관한 지침」에 따라 최초평가 이후 연 1회 정기적으로 위험성평가를 실시하고 있는바, 「중대재해처벌법」 시행령 제4조 제3호에 따라 반기 1회 이상 유해·위험요인 확인 및 개선 의무를 이행한 것으로 인정받기 위하여 위험성평가를 반기 1회 실시해야 하는지?

「중대재해처벌법」 시행령 제4조제3호 단서는 「산업안전보건법」 제36조에 따른 위험성평가를 직접 실시하거나 실시하도록 하여 그 결과를 보고받은 경우, 「중대재해처벌법」 시행령 제4조제3호의 유해·위험요인 확인 및 개선에 대한 반기 1회 점검을 한 것으로 간주하도록 규정하고 있습니다.

이는 「중대재해처벌법」상 유해·위험요인 확인 및 개선에 대한 점검 주기(반기 1회)와 「산업안전보건법」상 위험성평가의 주기(연 1회 이상)가 상이함에도 불구하고 달성 효과는 동일하다는 취지로 볼 수 있습니다.

정기 위험성평가를 연 1회 실시한 경우 「중대재해처벌법」상 유해·위험요인 확인 및 개선에 대한 점검을 반기 1회씩 연 2회 모두 실시한 것으로 간주합니다. 다만, 중대산업재해가 발생하여 조사한 결과 "사업장 위험성평가에 관한 지침"을 준수하지 않았거나, 형식적으로 실시한 사실이 확인되는 경우는 「중대재해처벌법」상 의무가 이행되지 않은 것으로 판단될 수 있습니다. (중대산업재해감독과-2007, 2021.12.20.)

Q60

사업장이 여러 곳인 경우 특별히 위험한 사업장 등 일부만 샘플로 유해위험 요인의 확인 및 개선에 대한 점검을 실시해도 되나요? (중대재해처벌법령 FAQ Q23)

유해·위험요인의 확인 및 개선에 관한 점검은 「중대재해처벌법」에 따른 안전보건관리체계 구축 의무의 가장 기본이 되는 사항입니다.

사업장이 여러 곳인 경우 모든 사업장의 유해·위험요인의 확인 및 개선에 관한 점검을 반기 1회 이상 시행하여야 합니다.

유해·위험요인의 확인 및 개선이 이루어지는지를 제대로 점검하지 않아 안전·보건조치상의 미비점을 발견하지 못하고 그것이 중대산업재해의 원인이 된 경우 처벌받을 수 있으므로 중대산업재해의 원인이 될 수 있는 작은 위험요소도 방치되는 일이 없도록 점검을 실시해야 합니다.

Q61 건설업의 경우 건설현장에서 사용하는 산업안전보건관리비의 편성 및 집행 실적이 있는 경우 「중대재해처벌법」 시행령 제4조제4호의 재해예방 등에 필요한 예산 편성 및 집행 의무를 이행한 것으로 인정되는지?

건설업의 경우 「산업안전보건법」 제72조 및 「건설업산업안전보건관리비 계상 및 사용기준」(고용노동부고시 제2020-63호)에 따른 '산업안전보건관리비 계상기준'을 「중대재해처벌법」 시행령 제4조제4호의 기준으로 참고할 수 있습니다.

다만, 산업안전보건관리비의 계상은 「산업안전보건법」상 건설공사발주자의 의무이고, 「중대재해처벌법」 시행령 제4조제4호의 의무는 개인사업주 또는 경영책임자에게 부여된 의무로서 의무주체와 내용 등이 다른 별개의 독립적인 의무이므로, 산업안전보건관리비 계상기준만이 아니라, 「산업안전보건법」을 포함한 안전·보건 관계 법령에 따른 의무에 비추어 갖추어야 할 인력, 시설 및 장비의 구비와 유해·위험요인의 개선에 관한 비용 등 재해 예방을 위해 필요한 예산을 편성하고 집행하여야 합니다. (중대산업재해감독과-1946, 2021. 12. 15.)

Q62 「중대재해처벌법」 시행령 제4조제5호가목에 따라 안전보건관리책임자등에게 주어야 하는 해당 업무수행에 필요한 권한과 예산의 구체적 의미가 무엇인지?

「산업안전보건법」 제15조, 제16조 및 제62조는 안전보건관리책임자, 관리감독자, 안전보건총괄책임자(이하 '안전보건관리책임자등')의 업무를 각각 규정하고 있는 바, 개인사업주 또는 경영책임자등은 안전보건관리책임자등이 각 업무를 충실히 수행할 수 있도록 필요한 권한과 예산을 주어야 합니다. (「중대재해처벌법 시행령」 제4조제5호가목)

각 사업장마다 안전보건관리책임자등의 구체적 업무 내용과 방식, 작업장소 등이 달라 필요한 권한 및 예산을 일률적으로 정할 수는 없으나, 보다 상위 조직의 개별 업무지시 없이 해당 업무를 수행할 수 없거나 예산 부족으로 실질적으로 수행할 수 없는 경우가 발생하지 않도록 하여 법령에 따른 업무수행을 통해 각 사업장의 안전·보건을 확보할 수 있도록 하여야 합니다. (중대산업재해감독과-2009, 2021. 11. 22.)

Q63

「중대재해처벌법」 시행령 제4조제5호나목에 안전보건관리책임자등이 해당 업무를 충실하게 수행하는지를 평가하는 기준을 마련하고, 그 기준에 따라 반기 1회 이상 평가·관리하도록 되어 있는데, 여기에서 평가 기준은 무엇이고 평가 이후 관리는 어떻게 해야 하나요?

안전보건관리책임자등에 대한 평가 기준은 해당 법령에 정해진 의무를 제대로 수행하고 있는지에 대한 평가항목을 구성하는 것을 의미합니다. 따라서 산업안전보건법에 따른 업무수행 및 충실도를 반영할 수 있는 평가항목이 포함되어야 합니다. 그리고 평가 기준은 가능한 한 구체적이고 세부적으로 마련하여 형식적인 평가가 아니라 실질적인 평가가 될 수 있도록 하여야 합니다.

그리고 평가결과가 현저히 낮은 경우에는 다른 업무수행 능력이 뛰어난 경우라도 평가결과에 상응한 조치를 하여야 합니다.

Q64

「중대재해처벌법」 시행령 제4조제6호에 따르면 산업안전보건법에 따라 정해진 수 이상의 산업보건의를 배치하여야 한다고 규정되어 있는데, "기업활동 규제 완화에 관한 특별조치법(이하 「기업규제완화법」)"과 무관하게 산업보건의를 선임해서 배치하여야 하는지?

🪖 「중대재해처벌법」 시행령 제4조제6호 단서는 "다만, 다른 법령에서 해당 인력의 배치에 대해 달리 정하고 있는 경우에는 그에 따르고"라고 규정하고 있습니다. 따라서, 「기업규제완화법」 등 다른 법령에서 「산업안전보건법」상 산업보건의 등의 배치에 대해 달리 정한 내용이 있다면 「중대재해처벌법」 시행령에도 불구하고 그 다른 법령에 정한 규정이 우선 적용됩니다.

🪖 「기업규제완화법」 제28조제1항제1호는 「산업안전보건법」상 산업보건의를 선임하지 않을 수 있도록 규정하고 있으므로, 사업주 또는 경영책임자등은 「중대재해처벌법」상 산업보건의 배치 의무에도 불구하고 실제로 산업보건의를 선임할 것인지 여부를 자율적으로 선택할 수 있습니다. (중대산업재해감독과-2004, 2021. 12. 20.)

Q65 의료법 제3조의4에 따른 상급종합병원으로서 「산업안전 보건법」에 따라 안전관리자 2명, 보건관리자 1명을 선임 하였는바, 해당 안전관리자, 보건관리자가 「중대재해처 벌법」상 중대시민재해 관련 업무를 함께 수행할 수 있는 지?

「산업안전보건법」 제17조 및 제18조는 업종과 사업장 규모에 따라 안전관리자 및 보건관리자를 선임하도록 규정하고 있으며, 동법 시 행령 제16조 및 제20조는 상시근로자 수 300명 이상인 사업장의 경 우 해당 업무만 전담하도록 규정하고 있습니다.

만약 병원의 상시근로자 수가 300명 이상인 경우에 해당한다면, 「산 업안전보건법」상의 최소 기준을 충족하도록 선임된 안전관리자와 보건관리자는 동법 시행령 제18조 및 제22조에 따른 업무만을 전담 하여 수행해야 합니다.

따라서 그 업무에 해당하지 않는 중대시민재해 관련 업무 등은 해 당 안전관리자와 보건관리자가 수행할 수 없고, 별도의 인력으로 중 대시민재해 관련 업무를 수행토록 하여야 합니다. (중대산업재해감독 과-1729, 2021. 11. 22.)

Q66 임직원의 건강 상태와 사후관리를 위한 건강검진 및 의료비 지원업무를 사규, 취업규칙, 산업안전보건위원회에서 정한 보건관리자의 업무로 정한 경우 「중대재해처벌법령」상 안전보건관리체계 구축 및 이행 조치 위반인지?

「중대재해처벌법」 시행령 제4조제6호에 따라 개인사업주 또는 경영책임자등은 「산업안전보건법」상 보건관리자를 정해진 수 이상으로 배치해야 합니다.

「산업안전보건법」 시행령 별표 5의 보건관리자 선임기준에 따라 해당 사업장에 보건관리자를 정해진 수 이상으로 선임한 경우, 「산업안전보건법」에 따라 선임된 전담 보건관리자가 해당 업무를 전담하여야 함에도 그 업무를 전담하지 않도록 함으로써 실질적으로 그 보건관리자를 배치하지 않았다고 볼 수 있을 정도로 의무를 해태하고 있는 경우에는 「중대재해처벌법」상 안전보건관리체계 구축 및 이행의무를 위반한 것으로 볼 수 있습니다. (중대산업재해감독과-370, 2022. 1. 28.)

Q67

안전보건 확보의무 관련 안전보건 전문인력 외에도 위험 작업에 대하여 2인 1조 배치 등을 규정해야 하나요? (중대재해처벌법 시행령 설명자료 Q&A Q5)

「중대재해처벌법」 시행령 제4조의 안전 및 보건 확보의무 규정은 기업이 종사자의 안전 및 보건을 확보하기 위해 안전 및 보건 목표설정, 위험요인의 파악 개선 절차 마련, 안전 및 보건 예산 및 인력 확보, 종사자의 의견 청취, 위기대응 절차의 마련 등 일련의 과정을 체계적으로 정비하고 갖추도록 의무를 부여한 것입니다.

그러나 위험작업 2인 1조 배치에 관한 사항은 2019. 3. 19. 「공공기관 작업장 안전강화 대책」에 포함되어 '공공기관의 안전관리에 관한 지침'에 들어간 내용으로 법상 의무는 아닙니다.

Q68 종사자의 의견은 어떤 방식으로 들어야 하나요? (중대재해 처벌법령 FAQ Q26)

각 사업장의 유해·위험요인이나 개선이 필요한 사항은 현장에서 작업을 하는 당사자인 종사자가 가장 잘 알고 있는 경우가 많습니다. 따라서 효과적인 유해·위험요인 발굴을 위해서는 종사자의 의견을 적극적으로 청취할 필요가 있고, 「중대재해처벌법」에서도 이에 대한 체계적인 절차를 마련하도록 규정하고 있습니다.

다만, 「중대재해처벌법령」은 종사자의 의견 청취 방법과 절차에 대해 구체적으로 규정하고 있지 않으므로 각 사업 또는 사업장의 여건에 따라 사내 온라인 시스템, 건의함, 간담회 등 다양한 방식을 활용할 수 있습니다.

특히, 「중대재해처벌법」 시행령 제4조 7호 단서에 "「산업안전보건법」 제24조에 따른 산업안전보건위원회 및 동법 제64조, 제75조에 따른 안전 및 보건에 관한 협의체에서 사업 또는 사업장의 안전·보건에 관하여 논의하거나 심의·의결한 경우에는 해당 종사자의 의견을 들은 것으로 본다."고 규정하고 있으므로 기존에 이러한 위원회나 협의체가 있는 경우 이를 활용할 수도 있습니다.

Q69 본사와 공장이 가까이에 있고, 본사에서 안전·보건관리를 통합해서 관리할 경우 산업안전보건위원회를 본사에서 통합해서 개최해도 되는지?

「산업안전보건법」에 따른 산업안전보건위원회는 사업장의 안전 및 보건에 관한 중요 사항을 심의·의결하기 위해 사업장 단위로 구성·운영되어야 합니다.

이때 사업장은 주로 장소적 관념에 따라 판단하여 장소적으로 분리된 경우에는 별개의 사업장으로 볼 것이나, 인사·회계·조직운영·업무처리능력 등을 감안할 때 하나의 사업장이라고 말할 정도의 독립성이 없는 경우에는 직근 상위조직과 하나의 사업장으로 볼 수 있을 것입니다.

이와 같이 본사를 제외한 공장들이 인사·노무 등에 대한 독립성을 가지고 있지 않아 본사에서 공장들을 통합 관리하고 있어 안전보건관리책임자를 대표이사로 공동선임하고 있는 경우에는 본사와 각 공장들을 하나의 사업장으로 보아야 할 것으로 판단되며, 해당 사업장이 「산업안전보건법」 시행령 별표 9에서 정한 기준(사업의 종류, 상시근로자 수)에 해당할 경우 본사에서 각 사업장을 포함하는 하나의 산업안전보건위원회를 구성·운영해야 할 것으로 보입니다. (중대산업재해감독과-137, 2022. 1. 13.)

Q70 산업안전보건위원회에서 심의·의결을 한 경우 그 사업장의 모든 종사자의 의견을 청취한 것으로 간주되나요? 한편, 일부 사업장에서 산업안전보건위원회 심의 의결을 한 경우 다른 사업장의 종사자의 의견청취 의무까지 모두 이행한 것으로 간주되나요? (중대재해처벌법령 FAQ Q27)

근로자위원과 사용자위원으로 구성된 산업안전보건위원회의 심의·의결을 거쳤다 하더라도 모든 종사자의 의견을 청취한 것으로 간주되지는 않습니다. 따라서 해당 사업장 소속 근로자가 아닌 종사자(수급인 근로자 등)에 대해서도 산업안전보건위원회, 수급인이 함께하는 안전보건협의체 등에서 의견을 개진할 수 있도록 하거나 별도의 의견 청취 절차를 두는 것이 좋습니다.

또한, 각 사업장별로 유해·위험요인이 다를 수 있음에도 불구하고 일부 사업장에서만 산업안전보건위원회가 심의·의결한 경우에는 그 사업장의 근로자에 대해서만 의견을 청취한 것으로 간주됩니다. 따라서 유해·위험요인이 다른 사업장의 종사자에 대하여는 별도로 의견을 청취하여야 합니다.

Q71

건설업의 경우 건설현장 외에 사무직 근로자만 근무하는 본사의 종사자에 대하여도 「중대재해처벌법」 제4조제7호에 따른 종사자 의견 청취 의무를 이행해야 하는지, 의견 청취 의무가 있다면, 청취 방식이나 절차에 제한이 없는지?

「중대재해처벌법」 시행령 제4조제7호는 "사업 또는 사업장의 안전·보건에 관한 사항에 대하여 종사자의 의견을 듣는 절차를 마련하고, 그 절차에 따라 의견을 들어 재해예방에 필요하다고 인정하는 경우에는 그에 대한 개선방안을 마련하여 이행하는지를 반기 1회 이상 점검한 후 필요한 조치를 할 것"이라고 규정하고 있는데, 여기에서 "사업 또는 사업장"이란 경영상 일체를 이루면서 유기적으로 운영되는 기업 등 조직 그 자체를 의미하므로 사업장 전체 모든 종사자라면 누구나 자유롭게 유해·위험요인 등을 포함하여 안전·보건에 관한 의견을 개진할 수 있도록 하여야 합니다.

다만 종사자의 의견을 듣는 절차는 사업 또는 사업장의 규모, 특성에 따라 달리 정할 수 있으며, 다양한 방법을 중첩적으로 활용하는 것도 가능합니다. 예컨대 사내 온라인 시스템이나 건의함을 마련하여 활용할 수도 있고, 사업장 단위 혹은 팀 단위로 주기적인 회의나 간담회 등을 개최하여 의견을 개진하여 취합하는 등 의견 제시 절차는 다양한 방법으로 마련할 수 있습니다. (중대산업재해감독과-1722, 2021. 11. 22.)

Q72 「중대재해처벌법」 시행령 제4조제8호가목에는 사업 또는 사업장에 중대산업재해가 발생하거나 발생할 급박한 위험이 있을 경우를 대비하여 작업 중지, 근로자 대피, 위험요인 제거 등 대응조치에 관한 매뉴얼 마련 의무를 부여하고 있는데 여기에는 구체적으로 어떤 내용이 포함되어야 하나요?

🪖 매뉴얼에는 중대산업재해가 발생하거나 발생할 급박한 위험이 있는 경우 즉각적인 작업 중지와 근로자 대피가 이루어질 수 있도록 하여야 하고, 이후에는 위험요인을 제거하여 추가적인 피해가 발생하지 않도록 하고 나서 작업이 이루어지도록 하는 절차가 마련되어야 합니다.

🪖 특히 중대산업재해가 발생할 급박한 위험이 있는 경우를 대비하여 「산업안전보건법」 제51조에 규정된 "사업주는 즉시 작업을 중지시키고 근로자를 작업장소에서 대피시키는 등 안전 및 보건에 관하여 필요한 조치를 하여야 한다."는 사업주의 작업중지권과 「산업안전보건법」 제52조제1항에 규정된 "근로자는 작업을 중지하고 대피할 수 있다."는 근로자 작업중지권 행사를 보장하는 내용이 포함되어야 할 것입니다.

👷 또한, 「산업안전보건법」제64조제1항제5호에 규정된 "도급인은 작업
　장소에서 발파작업을 하는 경우, 작업장소에서 화재·폭발, 토사·구
　축물 등의 붕괴 또는 지진 등이 발생한 경우에 대비한 정보체계 운영
　과 대피방법 등에 관한 훈련을 하여야 한다."는 내용이 포함되어야
　할 것입니다.

👷 아울러 중대재해가 발생한 경우의 조치사항으로 「산업안전보건법」
　제54조제1항에 규정된 "사업주는 즉시 해당 작업을 중지시키고 근로
　자를 작업장소에서 대피시키는 등 안전 및 보건에 관하여 필요한 조
　치를 하여야 한다."는 내용을 포함하여야 합니다.

Q73

「중대재해처벌법」 시행령 제4조제8호나목에는 사업 또는 사업장에 중대산업재해가 발생하거나 발생할 급박한 위험이 있을 경우를 대비하여 중대산업재해를 입은 사람에 대한 구호조치에 관한 매뉴얼 마련 의무를 부여하고 있는데 여기에는 구체적으로 어떤 내용이 포함되어야 하나요?

구호조치에는 긴급 상황이 발생한 경우 비상연락체계 가동과 함께 사업 또는 사업장의 규모, 특성에 따라 필요한 기본적인 응급조치 방안이 포함되어야 할 것입니다.

Q74 「중대재해처벌법」시행령 제4조제8호다목에는 사업 또는 사업장에 중대산업재해가 발생하거나 발생할 급박한 위험이 있을 경우를 대비하여 추가 피해방지를 위한 조치에 관한 매뉴얼 마련 의무를 부여하고 있는데 여기에는 구체적으로 어떤 내용이 포함되어야 하나요?

....

중대재해가 발생하거나 발생할 급박한 위험이 있을 경우에 작업을 중지하고 종사자를 대피시키는 것은 물론 해당 사업장의 출입을 통제하고, 중대재해가 발생한 해당 사업장 외에도 동종·유사 작업이 이루어지고 있는 사업장에 대해서도 중대재해 발생 상황을 공유하여 추가 피해가 발생하지 않도록 하는 내용이 포함되어야 할 것입니다.

아울러 철저한 원인 분석을 통해 재발방지 대책을 수립하는 등 후속 조치와 관련된 내용도 포함되어야 합니다.

Q75 고용노동부에서 「중대재해처벌법」 시행령 제4조제9호 각 목(도급 시 재해 예방 능력과 기술이 있는 수급인 선정 등)에 따른 기준과 절차에 관한 세부기준을 마련하고 있는지?

「중대재해처벌법」 시행령 제4조제9호 각 목의 기준과 절차의 경우 사업 또는 사업장별로 특성, 규모, 개별 업무의 내용과 속성, 장소 등 구체적 사정이 다르므로 수급인의 산업재해 예방을 위한 조치 능력과 기술에 관한 평가 기준·절차와 안전·보건 관리비용에 관한 기준 등을 일률적으로 정하기 어려우며, 사업 또는 사업장의 여건에 맞게 자율적으로 정하여야 합니다.

Q76 「중대재해처벌법」 시행령 제4조제9호에 규정된 '도급, 용역, 위탁 등을 받는 자의 안전·보건을 위한 관리비용에 관한 기준'과 관련하여, 도급인이 해당 관리비용을 마련하여 수급인을 위해 사용하는 것을 의미하는지, 아니면 도급인이 마련한 기준에 따라 해당 관리비용을 수급인이 마련하여 사용해야 하는 것인지?

개인사업주 또는 경영책임자등이 '도급, 용역, 위탁 등을 받는 자(이하 "수급인등")의 안전·보건을 위한 관리비용에 관한 기준'을 마련하는 것의 취지는 도급, 용역, 위탁 등을 하는 자(이하 "도급인등")가 도급 등을 하기 전에 수급인등의 업무수행 시 요구되는 안전·보건을 위한 관리비용에 관한 기준을 설정하고, 그에 따라 산정된 기준을 도급 등의 금액에 반영하여 수급인등과 계약을 체결해야 한다는 의미입니다.

따라서 도급인등은 해당 기준을 설정하고 그에 따른 관리비용은 해당 도급 등 계약 내용에 반영하여야 하며, 수급인등은 이를 종사자의 안전·보건 확보를 위해 사용해야 합니다. (중대산업재해감독과-1719, 2021. 11. 22.)

Q77

건설업의 경우 「중대재해처벌법」 시행령 제4조제9호 적용과 관련하여 '나목'의 '안전·보건을 위한 관리비용에 관한 기준'은 「산업안전보건법령」에 따른 산업안전보건관리비 기준을 따르면 되는지?

⛑ 「중대재해처벌법」 시행령 제4조제9호에 따라 제3자에게 도급, 용역, 위탁 등(이하 "도급 등")을 하는 경우 사업주 또는 경영책임자등은 '도급, 용역, 위탁 등을 받는 자(이하 "수급인등")의 안전·보건을 위한 관리비용에 관한 기준'을 마련해야 하는바, 도급, 용역, 위탁 등을 하는 자(이하 "도급인등")는 도급 등을 하기 전에 수급인등의 업무수행 시 요구되는 안전·보건을 위한 관리비용에 관한 기준을 설정하고, 그 기준에 따라 산정된 금액을 도급 등의 계약에 반영하여야 한다는 취지입니다.

⛑ 이때 안전·보건을 위한 관리비용은 수급인이 사용하는 시설, 설비, 장비 등에 대한 안전 및 보건조치에 필요한 비용, 종사자의 개인 보호구 등 안전 및 보건 확보를 위한 금액으로 정하되, 총 금액이 아닌 가급적 항목별로 구체적인 기준을 제시하여야 합니다.

⛑ 건설업의 경우 「산업안전보건법」 제72조 및 「건설업산업안전보건관리비 계상 및 사용기준」(고용노동부고시 제2020-63호)에 따른 '산업안전보건관리비 계상기준'을 수급인등의 안전·보건을 위한 관리비용에 관한 하나의 기준으로 참고할 수는 있으나, 산업안전보건관리

중대재해처벌법 백문백답

비의 계상은 「산업안전보건법」상 건설공사발주자의 의무이고, 「중대
재해처벌법」 시행령 제4조제9항의 의무는 개인사업주 또는 경영책
임자에게 부여된 의무로서 의무주체와 내용 등이 다른 별개의 독립
적인 의무이므로, 산업안전보건관리비 계상기준만이 아니라, 「산업
안전보건법」을 포함한 안전·보건 관계 법령에 따른 의무에 비추어
갖추어야 할 인력, 시설 및 장비의 구비 등 수급인등의 작업 수행과
정에서 안전·보건을 확보하는 데 충분한 비용을 책정할 수 있는 기
준을 설정하여야 합니다.

Q78 건설업의 경우 「중대재해처벌법」 시행령 제4조제9호 적용과 관련하여 '다목'의 '공사기간'의 경우 추상적인 기준으로 보이는 바, 기준 및 절차 마련 시 참고할 수 있는 관계 법령이나 행정규칙 등이 있는지?

안전·보건에 관한 공사기간은 안전·보건에 관한 별도의 독립적인 기간을 의미하는 것이 아니라 수급인 종사자의 산업재해 예방을 위해 안전하게 작업할 수 있는 충분한 작업기간을 고려한 계약기간을 의미합니다.

따라서 공사의 규모·종류·유형 등에 따라 도급인등이 자율적으로 수급인등의 안전·보건을 확보할 수 있는 기간에 관한 기준을 정하되, 비용절감 등을 목적으로 안전·보건에 관한 사항을 고려하지 않은 채 공사기간을 정하여서는 안 됩니다. (중대산업재해감독과-1726, 2021. 11. 22.)

Q79 건설공사발주자인 공공기관도 「중대재해처벌법」 시행령 제4조제9호를 적용받는지?

👷 발주도 민법상 도급의 일종이지만 건설공사발주자는 도급인과 공사계약을 체결하여 목적물의 완성을 주문하고, 공사기간 동안 종사자가 직접 노무를 제공하는 장소(공사현장)에 대하여는 실질적 지배·운영·관리를 하지 않는 것이 일반적입니다.

👷 따라서 건설공사발주자가 공사기간 동안 해당 공사현장에 대하여 실질적으로 지배·운영·관리를 하였다고 볼만한 사정이 없는 한 해당 공사현장의 종사자에 대하여는 「중대재해처벌법」 제4조 또는 제5조에 따른 책임을 부담하지 않습니다. (중대산업재해감독과-300, 2022. 1. 26.)

Q80

건설업의 경우 「중대재해처벌법」 시행령 제4조제9호의 '점검'의 의미와 범위 관련하여, 종사자의 안전·보건을 확보하기 위한 산재예방 조치능력 및 기술, 관리비용의 기준, 공사기간 등 규정에 관한 세부 점검 기준이 적절한지를 반기 1회 이상 점검하는 것인지, 아니면 종사자의 안전·보건을 확보하기 위한 기준과 절차가 잘 이루어지고 있는지를 각 현장별 반기 1회 이상 점검 후, 각 항목별 미이행 부분에 대한 조치 사항까지 이행하는 것을 포함하는 것인지?

사업주나 경영책임자등은 안전 및 보건 확보를 위해 마련한 기준과 절차에 따라 도급, 용역, 위탁 등의 업체가 선정되는지 여부를 반기 1회 이상 점검해야 합니다.

이때 점검에는 이러한 기준과 절차를 충족하는 수급인에게 도급, 용역, 위탁 등을 하고 있는지 여부는 물론, 계약 내용에 따라 안전·보건을 위한 관리비용을 집행하고 공사기간 및 건조기간을 준수하고 있는지 등도 포함하여 실시해야 합니다. (중대산업재해감독과-116, 2022.1.11.)

Q81

특수형태근로종사자를 포함한 개인사업주에게 도급 등을 하는 경우에도 「중대재해처벌법」 시행령 제4조제9호가 목의 도급 등을 받는 자의 산업재해 예방을 위한 조치 능력과 기술에 관한 평가기준과 절차에 따른 평가가 가능한 것인지?

「중대재해처벌법」 시행령 제4조제9호는 제3자에게 업무의 도급, 용역, 위탁 등(이하 "도급 등")을 하는 경우 개인사업주 또는 경영책임자등으로 하여금 종사자의 안전·보건을 확보하기 위한 기준과 절차를 마련하고, 이에 따라 도급 등이 이루어지는지 반기 1회 이상 점검하도록 규정하고 있습니다.

이때 "제3자"는 특수형태근로자 등 개인사업주가 포함되므로, 특수형태근로자종사자에게 도급 등을 하는 경우에도 「중대재해처벌법」 시행령 제9호 각 목에 따른 기준과 절차를 마련하여 그에 따라 도급 등을 하여야 합니다.

Q82

「중대재해처벌법」 시행령 제4조제9호가목의 도급 등을 받는 자의 산업재해 예방을 위한 조치 능력과 기술에 관한 평가기준과 절차에 따른 평가와 관련하여 개인사업자 스스로 재해예방을 위한 조치 능력과 기술 및 관리비용을 갖춰야 하는 것인지, 또는 개인사업자에게 도급 등을 하는 경우 도급인이 마련한 기준에 따라 평가하여 도급 등을 하는 것인지?

「중대재해처벌법」 시행령 제4조제9호가목은 개인사업주나 법인 또는 기관이 도급 등을 하는 경우 도급 등을 받는 자 선정 시 기술, 가격 등에 관한 사항뿐만 아니라 안전·보건에 관한 역량이 우수한 자를 선정하도록 하는 취지이므로, 도급인이 사전에 이에 대한 기준과 절차를 마련하고, 도급 등을 받는 자가 그 기준에 부합하는지 여부를 평가하여 도급 등 계약을 체결해야 하는 것입니다. (중대산업재해감독과-1947, 2021. 12. 15.)

Q83 재해 발생 시 재발방지 대책의 수립과 관련하여 사소한 모든 재해도 포함되는가요? (중대재해처벌법령 FAQ Q29)

재해는 반드시 중대산업재해만을 의미하는 것은 아니고 경미하지만 반복되는 산업재해도 포함하는 개념입니다.

이는 사소한 사고도 반복되면 큰 사고로 이어질 위험이 있으므로 경미한 산업재해라 하더라도 그 원인 분석 및 재발방지 조치를 통해 중대산업재해를 예방할 필요가 있기 때문입니다.

다만, 경영책임자등에게 지나치게 경미한 재해까지 재발방지 대책 의무를 부여하는 것은 타당해 보이지 않으므로 산업재해의 반복성과 상당성에 비추어 경영책임자 차원에서 나서야 할 정도에 이르는 것이어야 할 것입니다.

Q84 재해 발생 시 재발방지 대책의 수립과 관련하여 재발방지 대책을 수립하여야 하는 재해에 「중대재해처벌법」 시행일 이전에 발생한 재해도 포함해야 하나요?

「중대재해처벌법」에서는 '재해 발생 시기'에 대한 별도의 경과규정이 없으므로 재발방지 대책의 수립이 필요한 재해는 법이 시행된 2011.1.27. 이후에 발생한 재해에 한정된다고 보아야 할 것입니다.

Q85 「중대재해처벌법」 제4조제1항제3호에 규정된 중앙행정기관 등의 개선·시정 명령은 구체적으로 어떠한 것입니까?

🪖 「중대재해처벌법」 제4조제1항제3호에 규정된 개선·시정 명령은 행정처분의 성격을 가진 것으로 원칙적으로 서면으로 시행된 것이어야 하며, 개선·시정 명령의 상대방, 근거가 된 관계 법령 등이 무엇이지가 정확하게 기재된 것이어야 합니다.

🪖 아울러 「중대재해처벌법」은 경영책임자등의 안전보건 확보의무 이행을 규정한 것으로 행정기관 등의 개선·시정 명령의 경우에도 경영책임자등이 인식하거나 보고받아야 할 만한 정도의 수준에 이르는 것이어야 하므로 행정지도나 권고, 조언은 포함되지 않습니다.

🪖 한편 개선·시정 명령의 이행에 관한 조치의무에 대해서는 별도의 경과 규정이 없으므로 법 시행일 이후에 명령된 것에 한한다고 보아야 할 것입니다.

Q86 「중대재해처벌법」상의 안전보건 관계 법령에는 어떤 법령이 포함되나요? (중대재해처벌법령 FAQ Q30)

🪖 「중대재해처벌법」 시행령 제5조제1항에 규정된 "안전·보건 관계 법령"이란 해당 사업 또는 사업장에서 "종사자의 안전·보건을 확보하는 데 관련되는 법령"을 말합니다.

🪖 종사자의 안전·보건을 확보하는 데 그 목적을 두고 있는 「산업안전보건법령」을 중심으로 고려하되, 이에 한정되는 것은 아니며 종사자의 안전·보건에 관계되는 법령은 모두 포함됩니다.

🪖 예를 들면, 「산업안전보건법령」뿐만 아니라 「광산안전법」, 「원자력안전법」, 「항공안전법」, 「선박안전법」, 「연구실 안전 환경 조성에 관한 법률」, 「폐기물관리법」, 「생활물류서비스산업발전법」, 「선원법」, 「생활주변방사선안전관리법」 등이 포함될 수 있습니다.

Q87 「중대재해처벌법」제4조제1항제4호에 규정된 '관리상의 조치'는 구체적으로 어떠한 것입니까?

🪖 「중대재해처벌법」제4조제1항제4호에 규정된 '관리상의 조치'는 각 사업방의 안전보건 관계 법령에 따른 법적 의무 이행과정을 전반적으로 점검하고 그 결과를 평가하는 별도의 조직을 두어 경영책임자 등이 그 조직을 통해 사업장의 법적 의무 이행 여부와 문제점 등을 보고 받고, 개선 조치를 취하도록 하는 등 법상 의무 이행을 해태함이 없도록 하기 위한 제반 조치 등을 의미합니다.

🪖 한편, 「중대재해처벌법」제4조제1호, 제2호, 제3호에는 '이행에 관한 조치'라고 규정하고 있는 것과는 달리 제4호에는 '관리상의 조치'라고 규정하고 있는 바, 여기에는 구체적인 안전보건 조치의무가 이행될 수 있는 운영환경 조성 의무, 관계 법령에 따라 부과되는 의무가 제대로 이행되고 있는지 점검, 준비 등을 위한 감독상의 조치 등이 해당될 것입니다.

Q88 「중대재해처벌법」시행령 제5조제2항제3호에 따라 의무적으로 실시하여야 하는 유해·위험작업에 대한 안전보건에 관한 교육은 「산업안전보건법」에 규정된 교육만 실시하면 되나요?

「중대재해처벌법」시행령 제5조제2항제3호는 안전보건 관계 법령에 따른 교육 중 유해·위험한 작업에 관한 교육은 모두 포함되므로 그 교육이 유해·위험한 작업에 관한 것이고 법령상 의무화되어 있는 것이라면 「산업안전보건법」에 규정된 교육 이외의 교육도 실시하여야 합니다.

따라서 「항공안전법」상 위험물 취급에 관한 교육, 「선박안전법」상 위험물 안전운송 교육 등도 「안전보건 관계 법령」에 따른 교육에 포함되므로 관련 교육을 실시하여야 합니다.

Q89 '22.1.27 법 시행 후 「중대재해처벌법」 시행령상 반기 1회 점검의 최초 기한은 언제까지인가요?

「중대재해처벌법」상 반기 1회 이상 점검은 상반기(1.1.부터 6.30.까지)와 하반기(7.1.부터 12.31.까지)를 최소한의 주기로 하여 각 1회 이상 실시하여야 합니다.

따라서 법 시행일이 '22.1.27.이지만 최초 반기인 '22.6.30.까지는 법령상 점검이 이루어져야 하며, 이 기간을 경과하였음에도 1회도 점검이 이루어지지 않았다면 반기 1회 이상 점검을 하지 않은 것으로 판단할 수 있습니다. (중대산업재해감독과-310, 2022.1.16.)

3

도급, 용역, 위탁 등 관계에서의
안전 및 보건 확보의무

3-1. 실질적 지배·운영·관리의 의미

Q90 「중대재해처벌법」 제5조에 규정된 '실질적으로 지배·운영·관리하는 사업 또는 사업장'의 의미는 무엇인가요?

⛑️ 실질적으로 지배·운영·관리하는 책임이 있는 경우란 사업주가 해당 장소 시설 설비 등에 대하여 소유권, 임차권 등 실질적인 지배관리권을 가지고 있어 해당 장소 등의 유해·위험요인을 인지·파악하여 유해·위험 요인 제거 등을 통제할 수 있는 경우를 의미합니다. 특히 사업장뿐 아니라 사업장 밖이라도 사업주가 지정·제공하는 등 실질적으로 지배·관리하는 장소는 모두 포함됩니다.

⛑️ 수급인이 작업 장소나 시설·설비 등을 직접 소유하거나 도급인이 아닌 제3자로부터 임차하여 사용하는 경우에는 도급인 등이 실질적으로 지배·운영·관리하는 범위에 해당하지 않는다고 봅니다.

⛑️ 다만 계약 형식상 임대차라 하더라도 임대인이 노무를 제공하고 임차인이 위험원을 직접 지배·관리하는 경우 등 실질적으로 도급계약으로 평가되는 경우에는 경영책임자등의 의무가 적용될 것입니다.

Q91

「산업안전보건법」상 도급인은 건설공사발주자를 제외하고 있는 바(「산업안전보건법」 제2조제7호), 「중대재해처벌법」의 경우 건설공사발주자가 해당 공사의 안전관리에 개입하였을 경우, 이를 공사현장에 대한 실질적 지배·운영·관리로 보아 법 제5조를 적용해야 하는지?

「산업안전보건법」상 도급인의 경우 건설공사발주자를 제외하고 있고(「산업안전보건법」 제2조제7호), 건설공사발주자에 대하여는 도급인과 구분되는 별도의 의무를 정하고 있으나(「산업안전보건법」 제67조), 「중대재해처벌법」 제5조에 따른 "도급, 용역, 위탁"은 법에 별도로 정의하고 있지 않으므로 일반법인 민법상의 규정 등에 따르되, 계약 명칭에 관계없이 실질에 따라 판단합니다.

발주도 민법상 도급의 일종이지만 건설공사발주자는 도급인과 공사계약을 체결하여 목적물의 완성을 주문하고, 공사기간 동안 종사자가 직접 노무를 제공하는 장소(공사현장)에 대하여는 실질적 지배·운영·관리를 하지 않는 것이 일반적이므로, 건설공사발주자가 공사기간 동안 해당 공사현장에 대하여 실질적으로 지배·운영·관리를 하였다고 볼만한 사정이 없는 한 해당 공사현장의 종사자에 대하여는 법 제4조 또는 제5조에 따른 책임을 부담하지 않습니다.

이때 '실질적으로 지배·운영·관리하는 책임이 있는 경우'란 중대산업재해 발생 원인을 살펴 해당 시설이나 장비 그리고 장소에 관한 소유권(사용·수익권이 있는 경우), 임차권, 그 밖에 사실상의 지배력을 가지고 있어 위험에 대한 제어 능력을 가짐으로써 그 시설, 장비, 장소의 운영 및 관리에 대한 법률 또는 계약에 따른 의무를 부담하는 경우를 의미합니다. (중대산업재해감독과-1709, 2021. 11. 26.)

Q92 「중대재해처벌법」 제5조에 따른 "도급, 용역, 위탁"의 의미는 무엇이며 어떻게 구분되는지?

🪖 「중대재해처벌법」 제5조에 따른 "도급, 용역, 위탁"은 법에 별도로 정의하고 있지 않으므로 민법상의 규정 등에 따르되, 계약 명칭에 관계없이 실질에 따라 판단합니다. 참고로 민법 제664조에 "도급은 당사자 일방이 어느 일을 완성할 것을 약정하고 상대방이 그 일의 결과에 대하여 보수를 지급할 것을 약정함으로써 그 효력이 생긴다."라고 규정되어 있습니다.

🪖 다만, 「중대재해처벌법」은 도급, 용역, 위탁을 그 계약의 명칭과 형식에도 불구하고 이를 달리 취급하지 않으므로, 해당 계약 체결 시 개인사업주나 경영책임자등은 법 제5조에 따른 의무를 이행해야 합니다. (중대산업재해감독과-2008, 2021. 12. 20.)

Q93

A 업체 부지 내에 업무협약을 통해 B 업체가 자신의 설비를 가동 중 해당 설비로 인해 중대산업재해 발생한 경우, 부지를 소유한 A 업체(안전관리자는 A 업체 소속)와 설비를 소유한 B 업체 중 누구에게 「중대재해처벌법」상 책임이 있는지?

🪖 만약 A 업체와 B 업체 간 관계가 일반적인 부지 임대차 계약관계인 경우라면, 임차인인 B 업체가 임차한 장소 및 그 장소에 설치된 설비에 대해 실질적인 지배·운영·관리를 하므로, B 업체의 경영책임자는 「중대재해처벌법」상 안전 및 보건 확보의무를 이행해야 하며, 의무 불이행으로 자신의 종사자에게 중대산업재해 발생 시 「중대재해처벌법」에 따른 책임이 있습니다.

🪖 이 경우 임대인인 A 업체의 경영책임자는 해당 설비에서 B 업체의 종사자에게 발생한 중대산업재해에 대하여는 「중대재해처벌법」상 책임을 지지 않습니다.

🪖 한편, 계약의 형식에 관계없이 실질적으로 A 업체가 B 업체에게 도급을 한 것으로서 해당 설비를 가동하고 있는 경우라면, 도급인 A 업체는 자신의 사업장인 해당 설비에서 수급인의 종사자에 대해서, 수급인 B 업체는 자신의 종사자에 대해서 각자 「중대재해처벌법」상 안전 및 보건 확보의무를 이행해야 하고, 의무 불이행으로 중대산업재해 발생 시 그에 따른 책임이 있습니다. (중대산업재해감독과-474, 2022. 2. 10.)

Q94 도급인이 수급인 종사자의 안전을 확보하기 위해 안전상의 조치를 하거나 안전 및 보건 조치사항을 위반한 수급인 근로자에게 시정을 요구한 경우 파견의 징표에 해당하나요? (중대재해처벌법령 FAQ Q34)

도급인이 「중대재해처벌법」 및 「산업안전보건법」 등 관계 법령에 따라 산업재해 예방 및 종사자의 안전을 확보하기 위해 수행한 안전 및 보건에 관한 조치는 원칙적으로 근로자 파견의 징표로 보기 어렵습니다.

아울러, 도급인이 「산업안전보건법령」상의 안전 및 보건에 관한 조치사항을 위반한 수급인 근로자에게 현존하는 위험의 제거를 위해 위반 사항에 대한 시정을 요구하거나, 긴급 상황이나 위험 상황 등에서 산업재해 발생을 방지하기 위해 일시적으로 업무 지시를 한 경우 등에는 근로자 파견의 징표에 해당하지 않는 것으로 판단됩니다.

다만, 도급인이 건강과 안전 확보를 이유로 하면서 실제로는 안전·보건과 무관한 작업내용, 작업방법 등 수급인 근로자의 업무수행에 대해 지시·감독을 하거나, 근태관리 등을 하는 경우에는 파견의 징표에 해당할 수 있습니다.

Q95

상시 근로자 5명 이상인 도급업체 아래 여러 차례 하도급된 업체가 있는 경우 모든 하도급업체 근로자에 대해 안전 및 보건 확보의무가 있는지?

「중대재해처벌법」 제4조 및 제5조에 따라 개인사업주 또는 경영책임자는 종사자의 안전 및 보건 확보의무를 하여야 하며, 동법 제2조제7호다목의 종사자는 "사업이 여러 차례의 도급에 따라 행하여지는 경우에는 각 단계의 수급인 및 수급인과 가목 또는 나목의 관계가 있는 자"입니다.

따라서 사업이 여러 차례 도급에 따라 도급인의 사업장에서 행하여지는 경우 수급인의 근로자에 대해 도급인은 안전 및 보건 확보의무를 이행하여야 합니다. (중대산업재해감독과-327, 2022. 1. 26.)

4 사업주와 경영책임자등의 처벌

Q96 산재 사망사고가 발생하면 경영책임자는 「중대재해처벌법」에 따라 무조건 처벌되는가요? (중대재해처벌법령 FAQ Q3)

「중대재해처벌법」은 경영책임자가 안전 및 보건 확보의무를 위반하여 중대산업재해가 발생한 경우에만 처벌된다고 규정하고 있습니다. 따라서 경영책임자가 중대산업재해를 예방하기 위해 안전보건관리체계 구축 등 안전 및 보건을 확보하기 위한 제반 의무를 이행하였다면 중대산업재해가 발생하더라도 경영책임자가 처벌되지는 않습니다.

여기에서 경영책임자가 안전 및 보건 확보를 이행한다는 것은 사업장에서 유해·위험요인을 제거·통제·대체하기 위해 「산업안전보건법」 등에 따른 안전·보건조치를 하고 종사자가 작업계획서에 따라 안전수칙을 준수하여 작업하도록 하는 등 안전보건관리체계의 구축 및 이행까지의 일련의 과정을 의미합니다.

따라서 조직·인력 등을 형식적으로 갖추는 것만으로 해당 의무를 온전히 이행하였다고 인정되지는 않을 수 있습니다.

Q97

사업주나 경영책임자등이 법상 의무를 다하였음에도 불구하고 근로자의 실수나 안전수칙 위반으로 사고가 발생한 경우에도 형사처벌을 받나요? (중대재해처벌법령 FAQ Q35)

🪖 「중대재해처벌법」은 경영책임자가 안전 및 보건 확보의무를 위반하여 중대산업재해가 발생한 경우에만 처벌하므로 사업주 또는 경영책임자가 「중대재해처벌법」에 따른 의무를 다하였다면 처벌되지 않습니다.

🪖 다만, 반복되는 근로자의 실수나 안전수칙 위반 등을 방치 묵인하는 것은 안전보건관리체계 구축 및 이행상의 결함이 될 수 있습니다.

🪖 따라서 위험성평가 등을 통해 확인된 유해·위험작업에 대해서는 반드시 법령에 따른 안전수칙과 표준작업절차에 따라 작업이 수행되도록 방안을 강구하고 실행해야 할 것입니다.

중대재해처벌법 백문백답

Q98 대표이사의 안전보건확보의무 위반 외에 현장소장이나 공장장의 안전보건 조치의무 위반이나 업무상 과실이 개입해 중대산업재해가 발생한 경우에도 대표이사가 「중대재해처벌법」으로 처벌받게 되나요?

일반적으로 산업재해는 그 특성상 사고의 원인이 복합적이며 현장 책임자들의 안전·보건조치 위반이나 업무상 과실 등에 기인하고 있습니다.

따라서 중대산업재해가 발생하여 경영책임자등을 중대재해처벌법 위반으로 처벌하기 위해서는 경영책임자등의 중대재해처벌법상 안전·보건 확보의무 위반으로 인해 현장의 안전보건관리책임자의 「산업안전보건법」상 안전보건 조치의무 이행이 불가능하거나 부실하게 이행될 수밖에 없다는 점이 입증되고 그것이 결과적으로 중대산업재해를 초래했음이 인정되어야 할 것입니다.

이 경우에 경영책임자등은 「중대재해처벌법」 위반죄로, 현장소장, 공장장 등 안전보건관리책임자는 「산업안전보건법」 위반죄로 각각 처벌받게 될 것입니다.

Q99 종사자가 시행일 이전에 사고가 발생하거나 질병이 발생하였으나 법 시행일 이후 사망한 경우에는 「중대재해처벌법」상 처벌 대상이 될 수 있나요? (중대재해처벌법령 FAQ Q36)

법 시행일 이전에 발생한 사고나 질병은 「중대재해처벌법」 적용 대상이 아닙니다.

Q100 상시 근로자수가 5명 미만인 하청업체(수급인) 근로자에게 중대산업재해가 발생한 경우 원청(도급인)도 책임이 있나요? (중대재해처벌법령 FAQ Q11)

🪖 중대산업재해가 발생한 경우 도급인과 수급인은 각각 자신의 소속 상시근로자 수에 따라 법 적용 여부를 판단합니다.

🪖 따라서 상시근로자 수가 5명 이상인 도급인의 경우 도급인이 관리하는 현장에서 작업하는 수급인의 근로자에게 중대산업재해가 발생하였다면, 수급인의 상시근로자 수가 5인 미만이더라도 도급인에게 「중대재해처벌법」이 적용됩니다.

Q101

도급인(원청)이 안전 및 보건 확보의무를 이행했으나 수급인(협력업체)에서 중대산업재해가 발생한 경우 도급인도 「중대재해처벌법」상 책임을 지는지?

🪖 「중대재해처벌법」 제4조에 따라 개인사업주 또는 경영책임자등은 개인사업주나 법인 또는 기관이 실질적으로 지배·운영·관리하는 사업 또는 사업장에서 종사자에 대한 안전 및 보건 확보의무를 이행해야 하며, 법 제5조에 따라 제3자에게 도급, 용역, 위탁 등을 행한 개인사업주나 법인 또는 기관(이하 "도급인등")의 경영책임자등은 도급, 용역, 위탁 등을 받은 제3자(이하 "수급인등")의 종사자에게 중대산업재해가 발생하지 않도록 법 제4조의 조치를 해야 합니다.

🪖 따라서 수급인등은 자신의 종사자에 대하여 법 제4조에 따른 의무를, 도급인등은 자신의 종사자 및 제3자의 종사자에 대하여 법 제4조 및 제5조에 따른 의무를 각 개인사업주 또는 경영책임자가 이행해야 하며, 의무 불이행으로 중대산업재해가 발생한 경우라면 각 개인사업주나 경영책임자등은 법에 따라 처벌될 수 있습니다.

🪖 만일 수급인등의 종사자가 사망한 경우에 도급인이 안전 및 보건 확보의무를 모두 이행했다면 「중대재해처벌법」상의 책임을 지지는 않을 것입니다. (중대산업재해감독과-1966, 2021. 12. 1. 6.)

Q102

파견근로자에게 중대산업재해 발생 시 「중대재해처
벌법」상 처벌 대상이 누구인지?

파견근로자는 「중대재해처벌법」 제2조제7호다목의 종사자에 해당
하므로, 사용사업주인 경영책임자가 법 제4조 또는 법 제5조에 따
른 의무를 이행하지 않아 해당 종사자에게 중대산업재해가 발생한
경우 법 제6조에 따라 처벌될 수 있습니다. (중대산업재해감독과-367,
2022. 1. 28.)

Q103

도급인의 사업장 밖에서 수급인의 근로자에게 중대산업재해가 발생한 경우에도 도급인이 「중대재해처벌법」에 따른 책임을 지나요?

🪖 도급인의 사업장 밖에서 수급인의 근로자에게 중대산업재해가 발생한 경우에는 도급인이 그 시설, 장비, 장소 등에 대하여 실질적으로 지배·운영·관리하는 책임이 있는 경우에는 도급인의 경영책임자등이 「중대재해처벌법」에 따른 책임을 부담하게 됩니다.

🪖 예컨대, 도급인 사업장 밖의 안전시설이나 주요 설비를 수급인이 임의로 설치, 해제, 변경할 수 없거나 도급인과 협의해야만 가능한 경우 또는 도급인이 수급인에게 작업장소나 시설 등을 무상임대하고 이를 관리하는 경우에는 도급인에게 해당 시설, 장비, 장소에 대한 지배·운영·관리하는 책임이 있다고 볼 수 있습니다.

🪖 다만, 에어컨 설치·수리 작업과 같이 도급인 사업장 밖의 제3자 소유의 작업장소나 수급인 소유 시설에서 수급인의 근로자에게 중대산업재해가 발생한 경우에는 도급인에게 책임을 묻기는 어려울 것입니다.

Q104 도급인(물류회사)가 수급인(협력업체)과 물류센터 운영 도급계약을 체결하고 수급인은 개인사업자인 설치기사와 시설 설치에 관한 도급계약을 체결한 경우, 물류센터에서 설치기사가 사망한 경우 도급인에게 「중대재해처벌법」상 책임이 있는지?

🪖 「중대재해처벌법」 제2조제7호다목은 "사업이 여러 차례의 도급에 따라 행하여지는 경우에는 각 단계의 수급인 및 수급인과 가목 또는 나목의 관계가 있는 자"를 개인사업주 또는 경영책임자등이 법 제4조 및 법 제5조에 따른 안전 및 보건 확보의무를 이행해야 하는 종사자로 포함하고 있습니다.

🪖 따라서 설치기사는 협력업체뿐만 아니라 물류회사에 대하여도 종사자에 해당하며, 물류회사는 설치기사에 대해서도 안전 및 보건 확보의무를 이행해야 하고, 만약 의무 불이행으로 인하여 설치기사가 사망하였다면 물류회사의 경영책임자등은 「중대재해처벌법」에 따라 처벌될 수 있습니다. (중대산업재해감독과-140, 2022. 1. 13.)

Q105

중앙행정기관에서 발주한 건설 공사현장에서 중대산업재해가 발생할 경우, 발주청의 장, 담당 과장, 담당 팀장, 담당 팀원 중 누구까지 처벌되는지, 이에 대한 법적 근거는 무엇인지?

⛑ 「중대재해처벌법」은 법인 또는 기관이 실질적으로 지배·운영·관리하는 사업 또는 사업장에서 종사자에 대한 안전 및 보건 확보의무를 규정하고 있습니다. 또한 「중대재해처벌법」 제2조제9호나목은 중앙행정기관의 장을 경영책임자등으로 규정하고 있으므로, 중앙행정기관에서 법 제4조를 위반하여 중대산업재해가 발생한 경우 그 의무주체인 중앙행정기관의 장이 처벌 대상이 됩니다.

⛑ 한편, 중앙행정기관에서 건설공사를 발주한 경우, 건설공사 발주자인 중앙행정기관이 건설공사 기간 동안 해당 공사 또는 시설·장비·장소에 대하여 실질적으로 지배·운영·관리하였다고 볼만한 사정이 없는 한 해당 기관의 장은 그 건설 공사현장의 종사자에 대하여 제4조 또는 제5조에 따른 책임을 부담하지 않습니다.

⛑ 따라서 중대산업재해가 발생하였다 하더라도 건설공사 발주자의 경영책임자등인 중앙행정기관의 장은 특별한 사정이 없는 한 「중대재해처벌법」상 처벌 대상에 해당하지 않습니다. (중대산업재해감독과-1948, 2021. 12. 15.)

중대재해처벌법 백문백답

5

중대산업재해의 양벌규정

Q106 「중대재해처벌법」제7조에 따르면 경영책임자등이 안전보건 확보의무를 위반하여 중대산업재해가 발생한 경우 그 법인 또는 기관도 처벌되나, 그 위반행위를 방지하기 위해 해당 업무에 관하여 상당한 주의와 감독을 게을리하지 아니한 경우에는 면책하게 되어 있는데, 여기에서 상당한 주의와 감독을 게을리하지 아니한 경우는 구체적으로 어떤 경우를 말하나요?

「중대재해처벌법」제7조 단서에는 경영책임자등이 안전보건 확보의무를 위반하여 중대산업재해에 이르게 한 경우에도 그 법인 또는 기관이 그 위반행위를 방지하기 위해 해당 업무에 관하여 상당한 주의와 감독을 게을리하지 아니한 경우에는 처벌하지 않도록 규정하고 있습니다.

이 경우에 상당한 주의와 감독의 실질적인 주체는 일반적으로 위반행위자인 경영책임자 자신에 해당할 것이므로 이들이 관리상의 책임을 지는 한 상당한 주의와 감독을 게을리한 것으로 보아 그 법인 또는 기관에 대한 면책규정의 적용은 어려울 것으로 보여집니다.

참고로 어느 정도의 주의와 감독을 한 경우에 면책규정을 적용할 수 있는지에 대해 「산업안전보건법」 위반 사건과 관련하여 대법원은 "당해 위반행위와 관련된 모든 사정, 즉 당해 법률의 입법 취지, 처벌 조항 위반으로 예상되는 법익 침해의 정도, 그 위반행위에 관하여 양 벌규정을 마련한 취지 등은 물론 위반행위의 구체적인 모습과 그로 인하여 실제 야기된 피해 또는 결과의 정도, 법인의 영업 규모 및 행위자에 대한 감독가능성 또는 구체적인 지휘·감독 관계, 법인이 위반행위 방지를 위하여 실제 행한 조치 등을 전체적으로 종합하여 판단하여야 한다고 판시하고 있습니다. (대법원 2010.9.9. 선고 2008도7834 판결)

중대재해처벌법 백문백답

6

손해배상의 책임

Q107 「중대재해처벌법」 제15조 징벌적 손해배상책임 주체가, 사업주인지 법인인지, 또는 양자 모두인지?

「중대재해처벌법」 제15조제1항은 사업주 또는 경영책임자등이 고의 또는 중대한 과실로 이 법에서 정한 의무를 위반하여 중대재해를 발생하게 한 경우 해당 사업주, 법인 또는 기관이 중대재해로 손해를 입은 사람에 대해 그 손해액의 5배를 넘지 않는 범위에서 배상책임을 지도록 규정하고 있으므로, 해당 사업주 또는 경영책임자등이 소속된 법인 또는 기관이 손해배상 책임을 지게 됩니다. (중대산업재해감독과-1674, 2021. 11. 22.)

중대재해 처벌 등에 관한 법률

[시행 2022. 1. 27.] [법률 제17907호, 2021. 1. 26., 제정]

제1장 총칙

제1조(목적) 이 법은 사업 또는 사업장, 공중이용시설 및 공중교통수단을 운영하거나 인체에 해로운 원료나 제조물을 취급하면서 안전·보건 조치 의무를 위반하여 인명피해를 발생하게 한 사업주, 경영책임자, 공무원 및 법인의 처벌 등을 규정함으로써 중대재해를 예방하고 시민과 종사자의 생명과 신체를 보호함을 목적으로 한다.

제2조(정의) 이 법에서 사용하는 용어의 뜻은 다음과 같다.

1. "중대재해"란 "중대산업재해"와 "중대시민재해"를 말한다.

2. "중대산업재해"란 「산업안전보건법」 제2조제1호에 따른 산업재해 중 다음 각 목의 어느 하나에 해당하는 결과를 야기한 재해를 말한다.

   가. 사망자가 1명 이상 발생

   나. 동일한 사고로 6개월 이상 치료가 필요한 부상자가 2명 이상 발생

   다. 동일한 유해요인으로 급성중독 등 대통령령으로 정하는 직업성 질병자가 1년 이내에 3명 이상 발생

3. "중대시민재해"란 특정 원료 또는 제조물, 공중이용시설 또는 공중교통수단의 설계, 제조, 설치, 관리상의 결함을 원인으로 하여 발생한 재해로서 다음 각 목의 어느 하나에 해당하는 결과를 야기한 재해를

말한다. 다만, 중대산업재해에 해당하는 재해는 제외한다.

가. 사망자가 1명 이상 발생

나. 동일한 사고로 2개월 이상 치료가 필요한 부상자가 10명 이상 발생

다. 동일한 원인으로 3개월 이상 치료가 필요한 질병자가 10명 이상 발생

4. "공중이용시설"이란 다음 각 목의 시설 중 시설의 규모나 면적 등을 고려하여 대통령령으로 정하는 시설을 말한다. 다만, 「소상공인 보호 및 지원에 관한 법률」제2조에 따른 소상공인의 사업 또는 사업장 및 이에 준하는 비영리시설과 「교육시설 등의 안전 및 유지관리 등에 관한 법률」제2조제1호에 따른 교육시설은 제외한다.

가. 「실내공기질 관리법」제3조제1항의 시설(「다중이용업소의 안전관리에 관한 특별법」제2조제1항제1호에 따른 영업장은 제외한다)

나. 「시설물의 안전 및 유지관리에 관한 특별법」제2조제1호의 시설물(공동주택은 제외한다)

다. 「다중이용업소의 안전관리에 관한 특별법」제2조제1항제1호에 따른 영업장 중 해당 영업에 사용하는 바닥면적(「건축법」제84조에 따라 산정한 면적을 말한다)의 합계가 1천제곱미터 이상인 것

라. 그 밖에 가목부터 다목까지에 준하는 시설로서 재해 발생 시 생명·신체상의 피해가 발생할 우려가 높은 장소

5. "공중교통수단"이란 불특정다수인이 이용하는 다음 각 목의 어느 하나에 해당하는 시설을 말한다.

가. 「도시철도법」제2조제2호에 따른 도시철도의 운행에 사용되는 도시철도차량

나. 「철도산업발전기본법」제3조제4호에 따른 철도차량 중 동력차·객차(「철도사업법」제2조제5호에 따른 전용철도에 사용되는 경우는 제외한다)

다. 「여객자동차 운수사업법 시행령」제3조제1호라목에 따른 노선 여객자동차운송사업에 사용되는 승합자동차

라. 「해운법」제2조제1호의2의 여객선

마. 「항공사업법」제2조제7호에 따른 항공운송사업에 사용되는 항공기

6. "제조물"이란 제조되거나 가공된 동산(다른 동산이나 부동산의 일부를 구성하는 경우를 포함한다)을 말한다.

7. "종사자"란 다음 각 목의 어느 하나에 해당하는 자를 말한다.

가. 「근로기준법」상의 근로자

나. 도급, 용역, 위탁 등 계약의 형식에 관계없이 그 사업의 수행을 위하여 대가를 목적으로 노무를 제공하는 자

다. 사업이 여러 차례의 도급에 따라 행하여지는 경우에는 각 단계의 수급인 및 수급인과 가목 또는 나목의 관계가 있는 자

8. "사업주"란 자신의 사업을 영위하는 자, 타인의 노무를 제공받아 사업을 하는 자를 말한다.

9. "경영책임자등"이란 다음 각 목의 어느 하나에 해당하는 자를 말한다.

가. 사업을 대표하고 사업을 총괄하는 권한과 책임이 있는 사람 또는 이에 준하여 안전보건에 관한 업무를 담당하는 사람

나. 중앙행정기관의 장, 지방자치단체의 장, 「지방공기업법」에 따른 지방공기업의 장, 「공공기관의 운영에 관한 법률」제4조부터 제6조까지의 규정에 따라 지정된 공공기관의 장

제2장 중대산업재해

제3조(적용범위) 상시 근로자가 5명 미만인 사업 또는 사업장의 사업주(개인사업주에 한정한다. 이하 같다) 또는 경영책임자등에게는 이 장의 규정을 적용하지 아니한다.

제4조(사업주와 경영책임자등의 안전 및 보건 확보의무) ① 사업주 또는 경영책임자등은 사업주나 법인 또는 기관이 실질적으로 지배·운영·관리하는 사업 또는 사업장에서 종사자의 안전·보건상 유해 또는 위험을 방지하기 위하여 그 사업 또는 사업장의 특성 및 규모 등을 고려하여 다음 각 호에 따른 조치를 하여야 한다.

1. 재해예방에 필요한 인력 및 예산 등 안전보건관리체계의 구축 및 그 이행에 관한 조치
2. 재해 발생 시 재발방지 대책의 수립 및 그 이행에 관한 조치
3. 중앙행정기관·지방자치단체가 관계 법령에 따라 개선, 시정 등을 명한 사항의 이행에 관한 조치
4. 안전·보건 관계 법령에 따른 의무이행에 필요한 관리상의 조치

② 제1항제1호·제4호의 조치에 관한 구체적인 사항은 대통령령으로 정한다.

제5조(도급, 용역, 위탁 등 관계에서의 안전 및 보건 확보의무) 사업주 또는 경영책임자등은 사업주나 법인 또는 기관이 제3자에게 도급, 용역, 위탁 등을 행한 경우에는 제3자의 종사자에게 중대산업재해가 발생하지 아니하도록 제4조의 조치를 하여야 한다. 다만, 사업주나 법인 또는 기관이 그 시설, 장비, 장소 등에 대하여 실질적으로 지배·운영·관리하는 책임

이 있는 경우에 한정한다.

제6조(중대산업재해 사업주와 경영책임자등의 처벌) ① 제4조 또는 제5조를 위반하여 제2조제2호가목의 중대산업재해에 이르게 한 사업주 또는 경영책임자등은 1년 이상의 징역 또는 10억원 이하의 벌금에 처한다. 이 경우 징역과 벌금을 병과할 수 있다.

② 제4조 또는 제5조를 위반하여 제2조제2호나목 또는 다목의 중대산업재해에 이르게 한 사업주 또는 경영책임자등은 7년 이하의 징역 또는 1억원 이하의 벌금에 처한다.

③ 제1항 또는 제2항의 죄로 형을 선고받고 그 형이 확정된 후 5년 이내에 다시 제1항 또는 제2항의 죄를 저지른 자는 각 항에서 정한 형의 2분의 1까지 가중한다.

제7조(중대산업재해의 양벌규정) 법인 또는 기관의 경영책임자등이 그 법인 또는 기관의 업무에 관하여 제6조에 해당하는 위반행위를 하면 그 행위자를 벌하는 외에 그 법인 또는 기관에 다음 각 호의 구분에 따른 벌금형을 과(科)한다. 다만, 법인 또는 기관이 그 위반행위를 방지하기 위하여 해당 업무에 관하여 상당한 주의와 감독을 게을리하지 아니한 경우에는 그러하지 아니하다.

  1. 제6조제1항의 경우: 50억원 이하의 벌금

  2. 제6조제2항의 경우: 10억원 이하의 벌금

제8조(안전보건교육의 수강) ① 중대산업재해가 발생한 법인 또는 기관의 경영책임자등은 대통령령으로 정하는 바에 따라 안전보건교육을 이수하여야 한다.

② 제1항의 안전보건교육을 정당한 사유 없이 이행하지 아니한 경우에는

5천만원 이하의 과태료를 부과한다.

③ 제2항에 따른 과태료는 대통령령으로 정하는 바에 따라 고용노동부장
관이 부과·징수한다.

제3장 중대시민재해

제9조(사업주와 경영책임자등의 안전 및 보건 확보의무) ① 사업주 또는
경영책임자등은 사업주나 법인 또는 기관이 실질적으로 지배·운영·관
리하는 사업 또는 사업장에서 생산·제조·판매·유통 중인 원료나 제조
물의 설계, 제조, 관리상의 결함으로 인한 그 이용자 또는 그 밖의 사람의
생명, 신체의 안전을 위하여 다음 각 호에 따른 조치를 하여야 한다.

1. 재해예방에 필요한 인력·예산·점검 등 안전보건관리체계의 구축
   및 그 이행에 관한 조치

2. 재해 발생 시 재발방지 대책의 수립 및 그 이행에 관한 조치

3. 중앙행정기관·지방자치단체가 관계 법령에 따라 개선, 시정 등을 명
   한 사항의 이행에 관한 조치

4. 안전·보건 관계 법령에 따른 의무이행에 필요한 관리상의 조치

② 사업주 또는 경영책임자등은 사업주나 법인 또는 기관이 실질적으로
지배·운영·관리하는 공중이용시설 또는 공중교통수단의 설계, 설치,
관리상의 결함으로 인한 그 이용자 또는 그 밖의 사람의 생명, 신체의
안전을 위하여 다음 각 호에 따른 조치를 하여야 한다.

1. 재해예방에 필요한 인력·예산·점검 등 안전보건관리체계의 구축
   및 그 이행에 관한 조치

2. 재해 발생 시 재발방지 대책의 수립 및 그 이행에 관한 조치

3. 중앙행정기관·지방자치단체가 관계 법령에 따라 개선, 시정 등을 명한 사항의 이행에 관한 조치

4. 안전·보건 관계 법령에 따른 의무이행에 필요한 관리상의 조치

③ 사업주 또는 경영책임자등은 사업주나 법인 또는 기관이 공중이용시설 또는 공중교통수단과 관련하여 제3자에게 도급, 용역, 위탁 등을 행한 경우에는 그 이용자 또는 그 밖의 사람의 생명, 신체의 안전을 위하여 제2항의 조치를 하여야 한다. 다만, 사업주나 법인 또는 기관이 그 시설, 장비, 장소 등에 대하여 실질적으로 지배·운영·관리하는 책임이 있는 경우에 한정한다.

④ 제1항제1호·제4호 및 제2항제1호·제4호의 조치에 관한 구체적인 사항은 대통령령으로 정한다.

제10조(중대시민재해 사업주와 경영책임자등의 처벌) ① 제9조를 위반하여 제2조제3호가목의 중대시민재해에 이르게 한 사업주 또는 경영책임자등은 1년 이상의 징역 또는 10억원 이하의 벌금에 처한다. 이 경우 징역과 벌금을 병과할 수 있다.

② 제9조를 위반하여 제2조제3호나목 또는 다목의 중대시민재해에 이르게 한 사업주 또는 경영책임자등은 7년 이하의 징역 또는 1억원 이하의 벌금에 처한다.

제11조(중대시민재해의 양벌규정) 법인 또는 기관의 경영책임자등이 그 법인 또는 기관의 업무에 관하여 제10조에 해당하는 위반행위를 하면 그 행위자를 벌하는 외에 그 법인 또는 기관에게 다음 각 호의 구분에 따른 벌금형을 과(科)한다. 다만, 법인 또는 기관이 그 위반행위를 방지하기 위

하여 해당 업무에 관하여 상당한 주의와 감독을 게을리하지 아니한 경우에는 그러하지 아니하다.

1. 제10조제1항의 경우: 50억원 이하의 벌금
2. 제10조제2항의 경우: 10억원 이하의 벌금

제4장 보칙

제12조(형 확정 사실의 통보) 법무부장관은 제6조, 제7조, 제10조 또는 제11조에 따른 범죄의 형이 확정되면 그 범죄사실을 관계 행정기관의 장에게 통보하여야 한다.

제13조(중대산업재해 발생사실 공표) ① 고용노동부장관은 제4조에 따른 의무를 위반하여 발생한 중대산업재해에 대하여 사업장의 명칭, 발생 일시와 장소, 재해의 내용 및 원인 등 그 발생사실을 공표할 수 있다.

② 제1항에 따른 공표의 방법, 기준 및 절차 등은 대통령령으로 정한다.

제14조(심리절차에 관한 특례) ① 이 법 위반 여부에 관한 형사재판에서 법원은 직권으로 「형사소송법」 제294조의2에 따라 피해자 또는 그 법정대리인(피해자가 사망하거나 진술할 수 없는 경우에는 그 배우자·직계친족·형제자매를 포함한다)을 증인으로 신문할 수 있다.

② 이 법 위반 여부에 관한 형사재판에서 법원은 검사, 피고인 또는 변호인의 신청이 있는 경우 특별한 사정이 없으면 해당 분야의 전문가를 전문심리위원으로 지정하여 소송절차에 참여하게 하여야 한다.

제15조(손해배상의 책임) ① 사업주 또는 경영책임자등이 고의 또는 중대한 과실로 이 법에서 정한 의무를 위반하여 중대재해를 발생하게 한 경우

해당 사업주, 법인 또는 기관이 중대재해로 손해를 입은 사람에 대하여 그 손해액의 5배를 넘지 아니하는 범위에서 배상책임을 진다. 다만, 법인 또는 기관이 해당 업무에 관하여 상당한 주의와 감독을 게을리하지 아니한 경우에는 그러하지 아니하다.

② 법원은 제1항의 배상액을 정할 때에는 다음 각 호의 사항을 고려하여야 한다.

1. 고의 또는 중대한 과실의 정도

2. 이 법에서 정한 의무위반행위의 종류 및 내용

3. 이 법에서 정한 의무위반행위로 인하여 발생한 피해의 규모

4. 이 법에서 정한 의무위반행위로 인하여 사업주나 법인 또는 기관이 취득한 경제적 이익

5. 이 법에서 정한 의무위반행위의 기간·횟수 등

6. 사업주나 법인 또는 기관의 재산상태

7. 사업주나 법인 또는 기관의 피해구제 및 재발방지 노력의 정도

제16조(정부의 사업주 등에 대한 지원 및 보고) ① 정부는 중대재해를 예방하여 시민과 종사자의 안전과 건강을 확보하기 위하여 다음 각 호의 사항을 이행하여야 한다.

1. 중대재해의 종합적인 예방대책의 수립·시행과 발생원인 분석

2. 사업주, 법인 및 기관의 안전보건관리체계 구축을 위한 지원

3. 사업주, 법인 및 기관의 중대재해 예방을 위한 기술 지원 및 지도

4. 이 법의 목적 달성을 위한 교육 및 홍보의 시행

② 정부는 사업주, 법인 및 기관에 대하여 유해·위험 시설의 개선과 보호 장비의 구매, 종사자 건강진단 및 관리 등 중대재해 예방사업에 소요

되는 비용의 전부 또는 일부를 예산의 범위에서 지원할 수 있다.

③ 정부는 제1항 및 제2항에 따른 중대재해 예방을 위한 조치 이행 등 상황 및 중대재해 예방사업 지원 현황을 반기별로 국회 소관 상임위원회에 보고하여야 한다.

부칙

제1조(시행일) ① 이 법은 공포 후 1년이 경과한 날부터 시행한다. 다만, 이 법 시행 당시 개인사업자 또는 상시 근로자가 50명 미만인 사업 또는 사업장(건설업의 경우에는 공사금액 50억원 미만의 공사)에 대해서는 공포 후 3년이 경과한 날부터 시행한다.

② 제1항에도 불구하고 제16조는 공포한 날부터 시행한다.

제2조(다른 법률의 개정) 법원조직법 중 일부를 다음과 같이 개정한다.

제32조제1항제3호에 아목을 다음과 같이 신설한다.

　　아. 「중대재해 처벌 등에 관한 법률」 제6조제1항·제3항 및 제10조제1항에 해당하는 사건

중대재해 처벌 등에 관한 법률 시행령

제1장 총칙

제1조(목적) 이 영은 「중대재해 처벌 등에 관한 법률」에서 위임된 사항과 그 시행에 필요한 사항을 규정함을 목적으로 한다.

제2조(직업성 질병자) 「중대재해 처벌 등에 관한 법률」(이하 "법"이라 한다) 제2조제2호다목에서 "대통령령으로 정하는 직업성 질병자"란 별표 1에서 정하는 직업성 질병에 걸린 사람을 말한다.

제3조(공중이용시설) 법 제2조제4호 각 목 외의 부분 본문에서 "대통령령으로 정하는 시설"이란 다음 각 호의 시설을 말한다.

1. 법 제2조제4호가목의 시설 중 별표 2에서 정하는 시설

2. 법 제2조제4호나목의 시설물 중 별표 3에서 정하는 시설물. 다만, 다음 각 목의 건축물은 제외한다.

   가. 주택과 주택 외의 시설을 동일 건축물로 건축한 건축물

   나. 건축물의 주용도가 「건축법 시행령」 별표 1 제14호나목2)의 오피스텔인 건축물

3. 법 제2조제4호다목의 영업장

4. 법 제2조제4호라목의 시설 중 다음 각 목의 시설(제2호의 시설물은 제외한다)

   가. 「도로법」 제10조 각 호의 도로에 설치된 연장 20미터 이상인 도

로교량 중 준공 후 10년이 지난 도로교량

나. 「도로법」 제10조제4호부터 제7호까지에서 정한 지방도·시도·군도·구도의 도로터널과 「농어촌도로 정비법 시행령」 제2조제1호의 터널 중 준공 후 10년이 지난 도로터널

다. 「철도산업발전기본법」 제3조제2호의 철도시설 중 준공 후 10년이 지난 철도교량

라. 「철도산업발전기본법」 제3조제2호의 철도시설 중 준공 후 10년이 지난 철도터널(특별시 및 광역시 외의 지역에 있는 철도터널로 한정한다)

마. 다음의 시설 중 개별 사업장 면적이 2천제곱미터 이상인 시설

1) 「석유 및 석유대체연료 사업법 시행령」 제2조제3호의 주유소

2) 「액화석유가스의 안전관리 및 사업법」 제2조제4호의 액화석유가스 충전사업의 사업소

바. 「관광진흥법 시행령」 제2조제1항제5호가목의 종합유원시설업의 시설 중 같은 법 제33조제1항에 따른 안전성검사 대상인 유기시설 또는 유기기구

제2장 중대산업재해

제4조(안전보건관리체계의 구축 및 이행 조치) 법 제4조제1항제1호에 따른 조치의 구체적인 사항은 다음 각 호와 같다.

1. 사업 또는 사업장의 안전·보건에 관한 목표와 경영방침을 설정할 것
2. 「산업안전보건법」 제17조부터 제19조까지 및 제22조에 따라 두어야

하는 인력이 총 3명 이상이고 다음 각 목의 어느 하나에 해당하는 사업 또는 사업장인 경우에는 안전·보건에 관한 업무를 총괄·관리하는 전담 조직을 둘 것. 이 경우 나목에 해당하지 않던 건설사업자가 나목에 해당하게 된 경우에는 공시한 연도의 다음 연도 1월 1일까지 해당 조직을 두어야 한다.

가. 상시근로자 수가 500명 이상인 사업 또는 사업장

나. 「건설산업기본법」 제8조 및 같은 법 시행령 별표 1에 따른 토목건축공사업에 대해 같은 법 제23조에 따라 평가하여 공시된 시공능력의 순위가 상위 200위 이내인 건설사업자

3. 사업 또는 사업장의 특성에 따른 유해·위험요인을 확인하여 개선하는 업무절차를 마련하고, 해당 업무절차에 따라 유해·위험요인의 확인 및 개선이 이루어지는지를 반기 1회 이상 점검한 후 필요한 조치를 할 것. 다만, 「산업안전보건법」 제36조에 따른 위험성평가를 하는 절차를 마련하고, 그 절차에 따라 위험성 평가를 직접 실시하거나 실시하도록 하여 실시 결과를 보고받은 경우에는 해당 업무절차에 따라 유해·위험요인의 확인 및 개선에 대한 점검을 한 것으로 본다.

4. 다음 각 목의 사항을 이행하는 데 필요한 예산을 편성하고 그 편성된 용도에 맞게 집행하도록 할 것

가. 재해 예방을 위해 필요한 안전·보건에 관한 인력, 시설 및 장비의 구비

나. 제3호에서 정한 유해·위험요인의 개선

다. 그 밖에 안전보건관리체계 구축 등을 위해 필요한 사항으로서 고용노동부장관이 정하여 고시하는 사항

중대재해처벌법 백문백답

5. 「산업안전보건법」 제15조, 제16조 및 제62조에 따른 안전보건관리책임자, 관리감독자 및 안전보건총괄책임자(이하 이 조에서 "안전보건관리책임자등"이라 한다)가 같은 조에서 규정한 각각의 업무를 각 사업장에서 충실히 수행할 수 있도록 다음 각 목의 조치를 할 것

   가. 안전보건관리책임자등에게 해당 업무 수행에 필요한 권한과 예산을 줄 것

   나. 안전보건관리책임자등이 해당 업무를 충실하게 수행하는지를 평가하는 기준을 마련하고, 그 기준에 따라 반기 1회 이상 평가 · 관리할 것

6. 「산업안전보건법」 제17조부터 제19조까지 및 제22조에 따라 정해진 수 이상의 안전관리자, 보건관리자, 안전보건관리담당자 및 산업보건의를 배치할 것. 다만, 다른 법령에서 해당 인력의 배치에 대해 달리 정하고 있는 경우에는 그에 따르고, 배치해야 할 인력이 다른 업무를 겸직하는 경우에는 고용노동부장관이 정하여 고시하는 기준에 따라 안전 · 보건에 관한 업무 수행시간을 보장해야 한다.

7. 사업 또는 사업장의 안전 · 보건에 관한 사항에 대해 종사자의 의견을 듣는 절차를 마련하고, 그 절차에 따라 의견을 들어 재해 예방에 필요하다고 인정하는 경우에는 그에 대한 개선방안을 마련하여 이행하는지를 반기 1회 이상 점검한 후 필요한 조치를 할 것. 다만, 「산업안전보건법」 제24조에 따른 산업안전보건위원회 및 같은 법 제64조 · 제75조에 따른 안전 및 보건에 관한 협의체에서 사업 또는 사업장의 안전 · 보건에 관하여 논의하거나 심의 · 의결한 경우에는 해당 종사자의 의견을 들은 것으로 본다.

8. 사업 또는 사업장에 중대산업재해가 발생하거나 발생할 급박한 위험이 있을 경우를 대비하여 다음 각 목의 조치에 관한 매뉴얼을 마련하고, 해당 매뉴얼에 따라 조치하는지를 반기 1회 이상 점검할 것

　가. 작업 중지, 근로자 대피, 위험요인 제거 등 대응조치

　나. 중대산업재해를 입은 사람에 대한 구호조치

　다. 추가 피해방지를 위한 조치

9. 제3자에게 업무의 도급, 용역, 위탁 등을 하는 경우에는 종사자의 안전·보건을 확보하기 위해 다음 각 목의 기준과 절차를 마련하고, 그 기준과 절차에 따라 도급, 용역, 위탁 등이 이루어지는지를 반기 1회 이상 점검할 것

　가. 도급, 용역, 위탁 등을 받는 자의 산업재해 예방을 위한 조치 능력과 기술에 관한 평가기준·절차

　나. 도급, 용역, 위탁 등을 받는 자의 안전·보건을 위한 관리비용에 관한 기준

　다. 건설업 및 조선업의 경우 도급, 용역, 위탁 등을 받는 자의 안전·보건을 위한 공사기간 또는 건조기간에 관한 기준

제5조(안전·보건 관계 법령에 따른 의무이행에 필요한 관리상의 조치)

① 법 제4조제1항제4호에서 "안전·보건 관계 법령"이란 해당 사업 또는 사업장에 적용되는 것으로서 종사자의 안전·보건을 확보하는 데 관련되는 법령을 말한다.

② 법 제4조제1항제4호에 따른 조치에 관한 구체적인 사항은 다음 각 호와 같다.

1. 안전·보건 관계 법령에 따른 의무를 이행했는지를 반기 1회 이상 점

검(해당 안전·보건 관계 법령에 따라 중앙행정기관의 장이 지정한 기관 등에 위탁하여 점검하는 경우를 포함한다. 이하 이 호에서 같다)하고, 직접 점검하지 않은 경우에는 점검이 끝난 후 지체 없이 점검 결과를 보고받을 것

2. 제1호에 따른 점검 또는 보고 결과 안전·보건 관계 법령에 따른 의무가 이행되지 않은 사실이 확인되는 경우에는 인력을 배치하거나 예산을 추가로 편성·집행하도록 하는 등 해당 의무 이행에 필요한 조치를 할 것

3. 안전·보건 관계 법령에 따라 의무적으로 실시해야 하는 유해·위험한 작업에 관한 안전·보건에 관한 교육이 실시되었는지를 반기 1회 이상 점검하고, 직접 점검하지 않은 경우에는 점검이 끝난 후 지체 없이 점검 결과를 보고받을 것

4. 제3호에 따른 점검 또는 보고 결과 실시되지 않은 교육에 대해서는 지체 없이 그 이행의 지시, 예산의 확보 등 교육 실시에 필요한 조치를 할 것

제6조(안전보건교육의 실시 등) ① 법 제8조제1항에 따른 안전보건교육(이하 "안전보건교육"이라 한다)은 총 20시간의 범위에서 고용노동부장관이 정하는 바에 따라 이수해야 한다.

② 안전보건교육에는 다음 각 호의 사항이 포함되어야 한다.

1. 안전보건관리체계의 구축 등 안전·보건에 관한 경영 방안

2. 중대산업재해의 원인 분석과 재발 방지 방안

③ 고용노동부장관은 「한국산업안전보건공단법」에 따른 한국산업안전보건공단이나 「산업안전보건법」 제33조에 따라 등록된 안전보건교육기

관(이하 "안전보건교육기관등"이라 한다)에 안전보건교육을 의뢰하여 실시할 수 있다.

④ 고용노동부장관은 분기별로 중대산업재해가 발생한 법인 또는 기관을 대상으로 안전보건교육을 이수해야 할 교육대상자를 확정하고 안전보건교육 실시일 30일 전까지 다음 각 호의 사항을 해당 교육대상자에게 통보해야 한다.

1. 안전보건교육을 실시하는 안전보건교육기관등

2. 교육일정

3. 그 밖에 안전보건교육의 실시에 필요한 사항

⑤ 제4항에 따른 통보를 받은 교육대상자는 해당 교육일정에 참여할 수 없는 정당한 사유가 있는 경우에는 안전보건교육 실시일 7일 전까지 고용노동부장관에게 안전보건교육의 연기를 한 번만 요청할 수 있다.

⑥ 고용노동부장관은 제5항에 따른 연기 요청을 받은 날부터 3일 이내에 연기 가능 여부를 교육대상자에게 통보해야 한다.

⑦ 안전보건교육을 연기하는 경우 교육일정 등의 통보에 관하여는 제4항을 준용한다.

⑧ 안전보건교육에 드는 비용은 안전보건교육기관등에서 수강하는 교육대상자가 부담한다.

⑨ 안전보건교육기관등은 안전보건교육을 실시한 경우에는 지체 없이 안전보건교육 이수자 명단을 고용노동부장관에게 통보해야 한다.

⑩ 안전보건교육을 이수한 교육대상자는 필요한 경우 안전보건교육이수확인서를 발급해 줄 것을 고용노동부장관에게 요청할 수 있다.

⑪ 제10항에 따른 요청을 받은 고용노동부장관은 고용노동부장관이 정하

는 바에 따라 안전보건교육이수확인서를 지체 없이 내주어야 한다.

제7조(과태료의 부과기준) 법 제8조제2항에 따른 과태료의 부과기준은 별표 4와 같다.

제3장 중대시민재해

제8조(원료·제조물 관련 안전보건관리체계의 구축 및 이행 조치) 법 제9조제1항제1호에 따른 조치의 구체적인 사항은 다음 각 호와 같다.

1. 다음 각 목의 사항을 이행하는 데 필요한 인력을 갖추어 중대시민재해 예방을 위한 업무를 수행하도록 할 것

   가. 법 제9조제1항제4호의 안전·보건 관계 법령에 따른 안전·보건 관리 업무의 수행

   나. 유해·위험요인의 점검과 위험징후 발생 시 대응

   다. 그 밖에 원료·제조물 관련 안전·보건 관리를 위해 환경부장관이 정하여 고시하는 사항

2. 다음 각 목의 사항을 이행하는 데 필요한 예산을 편성·집행할 것

   가. 법 제9조제1항제4호의 안전·보건 관계 법령에 따른 인력·시설 및 장비 등의 확보·유지

   나. 유해·위험요인의 점검과 위험징후 발생 시 대응

   다. 그 밖에 원료·제조물 관련 안전·보건 관리를 위해 환경부장관이 정하여 고시하는 사항

3. 별표 5에서 정하는 원료 또는 제조물로 인한 중대시민재해를 예방하기 위해 다음 각 목의 조치를 할 것

가. 유해·위험요인의 주기적인 점검

나. 제보나 위험징후의 감지 등을 통해 발견된 유해·위험요인을 확인한 결과 중대시민재해의 발생 우려가 있는 경우의 신고 및 조치

다. 중대시민재해가 발생한 경우의 보고, 신고 및 조치

라. 중대시민재해 원인조사에 따른 개선조치

4. 제3호 각 목의 조치를 포함한 업무처리절차의 마련. 다만, 「소상공인 기본법」 제2조에 따른 소상공인의 경우는 제외한다.

5. 제1호 및 제2호의 사항을 반기 1회 이상 점검하고, 점검 결과에 따라 인력을 배치하거나 예산을 추가로 편성·집행하도록 하는 등 중대시민재해 예방에 필요한 조치를 할 것

제9조(원료·제조물 관련 안전·보건 관계 법령에 따른 의무이행에 필요한 관리상의 조치) ① 법 제9조제1항제4호에서 "안전·보건 관계 법령"이란 해당 사업 또는 사업장에서 생산·제조·판매·유통 중인 원료나 제조물에 적용되는 것으로서 그 원료나 제조물이 사람의 생명·신체에 미칠 수 있는 유해·위험 요인을 예방하고 안전하게 관리하는 데 관련되는 법령을 말한다.

② 법 제9조제1항제4호에 따른 조치의 구체적인 사항은 다음 각 호와 같다.

1. 안전·보건 관계 법령에 따른 의무를 이행했는지를 반기 1회 이상 점검(해당 안전·보건 관계 법령에 따라 중앙행정기관의 장이 지정한 기관 등에 위탁하여 점검하는 경우를 포함한다. 이하 이 호에서 같다)하고, 직접 점검하지 않은 경우에는 점검이 끝난 후 지체 없이 점검 결과를 보고받을 것

2. 제1호에 따른 점검 또는 보고 결과 안전·보건 관계 법령에 따른 의

무가 이행되지 않은 사실이 확인되는 경우에는 인력을 배치하거나 예산을 추가로 편성·집행하도록 하는 등 해당 의무 이행에 필요한 조치를 할 것

3. 안전·보건 관계 법령에 따라 의무적으로 실시해야 하는 교육이 실시 되는지를 반기 1회 이상 점검하고, 직접 점검하지 않은 경우에는 점검이 끝난 후 지체 없이 점검 결과를 보고받을 것

4. 제3호에 따른 점검 또는 보고 결과 실시되지 않은 교육에 대해서는 지체 없이 그 이행의 지시, 예산의 확보 등 교육 실시에 필요한 조치를 할 것

제10조(공중이용시설·공중교통수단 관련 안전보건관리체계 구축 및 이행에 관한 조치) 법 제9조제2항제1호에 따른 조치의 구체적인 사항은 다음 각 호와 같다.

1. 다음 각 목의 사항을 이행하는 데 필요한 인력을 갖추어 중대시민재해 예방을 위한 업무를 수행하도록 할 것

가. 법 제9조제2항제4호의 안전·보건 관계 법령에 따른 안전관리 업무의 수행

나. 제4호에 따라 수립된 안전계획의 이행

다. 그 밖에 공중이용시설 또는 공중교통수단과 그 이용자나 그 밖의 사람의 안전에 관하여 국토교통부장관이 정하여 고시하는 사항

2. 다음 각 목의 사항을 이행하는 데 필요한 예산을 편성·집행할 것

가. 법 제9조제2항제4호의 안전·보건 관계 법령에 따른 인력·시설 및 장비 등의 확보·유지와 안전점검 등의 실시

나. 제4호에 따라 수립된 안전계획의 이행

다. 그 밖에 공중이용시설 또는 공중교통수단과 그 이용자나 그 밖의
사람의 안전에 관하여 국토교통부장관이 정하여 고시하는 사항

3. 공중이용시설 또는 공중교통수단에 대한 법 제9조제2항제4호의 안
전·보건 관계 법령에 따른 안전점검 등을 계획하여 수행되도록 할 것

4. 공중이용시설 또는 공중교통수단에 대해 연 1회 이상 다음 각 목의
내용이 포함된 안전계획을 수립하게 하고, 충실히 이행하도록 할 것.
다만, 공중이용시설에 대해 「시설물의 안전 및 유지관리에 관한 특별
법」 제6조에 따라 시설물에 대한 안전 및 유지관리계획을 수립·시행
하거나 공중이용시설 또는 공중교통수단에 대해 철도운영자가 「철
도안전법」 제6조에 따라 연차별 시행계획을 수립·추진하는 경우로
서 사업주 또는 경영책임자등이 그 수립 여부 및 내용을 직접 확인하
거나 보고받은 경우에는 안전계획을 수립하여 이행한 것으로 본다.

가. 공중이용시설 또는 공중교통수단의 안전과 유지관리를 위한 인
력의 확보에 관한 사항

나. 공중이용시설의 안전점검 또는 정밀안전진단의 실시와 공중교
통수단의 점검·정비(점검·정비에 필요한 장비를 확보하는 것을
포함한다)에 관한 사항

다. 공중이용시설 또는 공중교통수단의 보수·보강 등 유지관리에
관한 사항

5. 제1호부터 제4호까지에서 규정한 사항을 반기 1회 이상 점검하고,
직접 점검하지 않은 경우에는 점검이 끝난 후 지체 없이 점검 결과를
보고받을 것

6. 제5호에 따른 점검 또는 보고 결과에 따라 인력을 배치하거나 예산

을 추가로 편성·집행하도록 하는 등 중대시민재해 예방에 필요한 조치를 할 것

7. 중대시민재해 예방을 위해 다음 각 목의 사항이 포함된 업무처리절차를 마련하여 이행할 것. 다만, 철도운영자가 「철도안전법」 제7조에 따라 비상대응계획을 포함한 철도안전관리체계를 수립하여 시행하거나 항공운송사업자가 「항공안전법」 제58조제2항에 따라 위기대응계획을 포함한 항공안전관리시스템을 마련하여 운용한 경우로서 사업주 또는 경영책임자등이 그 수립 여부 및 내용을 직접 점검하거나 점검 결과를 보고받은 경우에는 업무처리절차를 마련하여 이행한 것으로 본다.

　가. 공중이용시설 또는 공중교통수단의 유해·위험요인의 확인·점검에 관한 사항

　나. 공중이용시설 또는 공중교통수단의 유해·위험요인을 발견한 경우 해당 사항의 신고·조치요구, 이용 제한, 보수·보강 등 그 개선에 관한 사항

　다. 중대시민재해가 발생한 경우 사상자 등에 대한 긴급구호조치, 공중이용시설 또는 공중교통수단에 대한 긴급안전점검, 위험표지설치 등 추가 피해방지 조치, 관계 행정기관 등에 대한 신고와 원인조사에 따른 개선조치에 관한 사항

　라. 공중교통수단 또는 「시설물의 안전 및 유지관리에 관한 특별법」 제7조제1호의 제1종시설물에서 비상상황이나 위급상황 발생 시 대피훈련에 관한 사항

8. 제3자에게 공중이용시설 또는 공중교통수단의 운영·관리 업무의 도

급, 용역, 위탁 등을 하는 경우 공중이용시설 또는 공중교통수단과 그 이용자나 그 밖의 사람의 안전을 확보하기 위해 다음 각 목에 따른 기준과 절차를 마련하고, 그 기준과 절차에 따라 도급, 용역, 위탁 등이 이루어지는지를 연 1회 이상 점검하고, 직접 점검하지 않은 경우에는 점검이 끝난 후 지체 없이 점검 결과를 보고받을 것

　가. 중대시민재해 예방을 위한 조치능력 및 안전관리능력에 관한 평가기준·절차

　나. 도급, 용역, 위탁 등의 업무 수행 시 중대시민재해 예방을 위해 필요한 비용에 관한 기준

제11조(공중이용시설·공중교통수단 관련 안전·보건 관계 법령에 따른 의무이행에 필요한 관리상의 조치) ① 법 제9조제2항제4호에서 "안전·보건 관계 법령"이란 해당 공중이용시설·공중교통수단에 적용되는 것으로서 이용자나 그 밖의 사람의 안전·보건을 확보하는 데 관련되는 법령을 말한다.

② 법 제9조제2항제4호에 따른 조치의 구체적인 사항은 다음 각 호와 같다.

　1. 안전·보건 관계 법령에 따른 의무를 이행했는지를 연 1회 이상 점검(해당 안전·보건 관계 법령에 따라 중앙행정기관의 장이 지정한 기관 등에 위탁하여 점검하는 경우를 포함한다. 이하 이 호에서 같다)하고, 직접 점검하지 않은 경우에는 점검이 끝난 후 지체 없이 점검 결과를 보고받을 것

　2. 제1호에 따른 점검 또는 보고 결과 안전·보건 관계 법령에 따른 의무가 이행되지 않은 사실이 확인되는 경우에는 인력을 배치하거나 예산을 추가로 편성·집행하도록 하는 등 해당 의무 이행에 필요한

조치를 할 것

3. 안전·보건 관계 법령에 따라 공중이용시설의 안전을 관리하는 자나 공중교통수단의 시설 및 설비를 정비·점검하는 종사자가 의무적으로 이수해야 하는 교육을 이수했는지를 연 1회 이상 점검하고, 직접 점검하지 않은 경우에는 점검이 끝난 후 지체 없이 점검 결과를 보고 받을 것

4. 제3호에 따른 점검 또는 보고 결과 실시되지 않은 교육에 대해서는 지체 없이 그 이행의 지시 등 교육 실시에 필요한 조치를 할 것

제4장 보칙

제12조(중대산업재해 발생사실의 공표) ① 법 제13조제1항에 따른 공표(이하 이 조에서 "공표"라 한다)는 법 제4조에 따른 의무를 위반하여 발생한 중대산업재해로 법 제12조에 따라 범죄의 형이 확정되어 통보된 사업장을 대상으로 한다.

② 공표 내용은 다음 각 호의 사항으로 한다.

1. "중대산업재해 발생사실의 공표"라는 공표의 제목

2. 해당 사업장의 명칭

3. 중대산업재해가 발생한 일시·장소

4. 중대산업재해를 입은 사람의 수

5. 중대산업재해의 내용과 그 원인(사업주 또는 경영책임자등의 위반 사항을 포함한다)

6. 해당 사업장에서 최근 5년 내 중대산업재해의 발생 여부

③ 고용노동부장관은 공표하기 전에 해당 사업장의 사업주 또는 경영책임자등에게 공표하려는 내용을 통지하고 30일 이상의 기간을 정하여 그에 대해 소명자료를 제출하게 하거나 의견을 진술할 수 있는 기회를 주어야 한다.

④ 공표는 관보, 고용노동부나 「한국산업안전보건공단법」에 따른 한국산업안전보건공단의 홈페이지에 게시하는 방법으로 한다.

⑤ 제4항에 따라 홈페이지에 게시하는 방법으로 공표하는 경우 공표기간은 1년으로 한다.

제13조(조치 등의 이행사항에 관한 서면의 보관) 사업주 또는 경영책임자등(「소상공인기본법」 제2조에 따른 소상공인은 제외한다)은 제4조, 제5조 및 제8조부터 제11조까지의 규정에 따른 조치 등의 이행에 관한 사항을 서면(「전자문서 및 전자거래 기본법」 제2조제1호에 따른 전자문서를 포함한다)으로 작성하여 그 조치 등을 이행한 날부터 5년간 보관해야 한다.

부칙

이 영은 2022년 1월 27일부터 시행한다.

중대재해처벌법 백문백답

직업성 질병(제2조 관련)

1. 염화비닐·유기주석·메틸브로마이드(bromomethane)·일산화탄소에 노출되어 발생한 중추신경계장해 등의 급성중독

2. 납이나 그 화합물(유기납은 제외한다)에 노출되어 발생한 납 창백(蒼白), 복부 산통(産痛), 관절통 등의 급성중독

3. 수은이나 그 화합물에 노출되어 발생한 급성중독

4. 크롬이나 그 화합물에 노출되어 발생한 세뇨관 기능 손상, 급성 세뇨관 괴사, 급성신부전 등의 급성중독

5. 벤젠에 노출되어 발생한 경련, 급성 기질성 뇌증후군, 혼수상태 등의 급성중독

6. 톨루엔(toluene)·크실렌(xylene)·스티렌(styrene)·시클로헥산(cyclohexane)·노말헥산(n-hexane)·트리클로로에틸렌(trichloroethylene) 등 유기화합물에 노출되어 발생한 의식장해, 경련, 급성 기질성 뇌증후군, 부정맥 등의 급성중독

7. 이산화질소에 노출되어 발생한 메트헤모글로빈혈증(methemoglobinemia), 청색증(靑色症) 등의 급성중독

8. 황화수소에 노출되어 발생한 의식 소실(消失), 무호흡, 폐부종, 후각신경마비 등의 급성중독

9. 시안화수소나 그 화합물에 노출되어 발생한 급성중독

10. 불화수소·불산에 노출되어 발생한 화학적 화상, 청색증, 폐수종, 부

정맥 등의 급성중독

11. 인[백린(白燐), 황린(黃燐) 등 금지물질에 해당하는 동소체(同素體)로
    한정한다]이나 그 화합물에 노출되어 발생한 급성중독

12. 카드뮴이나 그 화합물에 노출되어 발생한 급성중독

13. 다음 각 목의 화학적 인자에 노출되어 발생한 급성중독

　　가. 「산업안전보건법」 제125조제1항에 따른 작업환경측정 대상 유해인
　　　　자 중 화학적 인자

　　나. 「산업안전보건법」 제130조제1항제1호에 따른 특수건강진단 대상
　　　　유해인자 중 화학적 인자

14. 디이소시아네이트(diisocyanate), 염소, 염화수소 또는 염산에 노출되
    어 발생한 반응성 기도과민증후군

15. 트리클로로에틸렌에 노출(해당 물질에 노출되는 업무에 종사하지 않
    게 된 후 3개월이 지난 경우는 제외한다)되어 발생한 스티븐스존슨
    증후군(stevens-johnson syndrome). 다만, 약물, 감염, 후천성면역결
    핍증, 악성 종양 등 다른 원인으로 발생한 스티븐스존슨 증후군은 제
    외한다.

16. 트리클로로에틸렌 또는 디메틸포름아미드(dimethylformamide)에 노
    출(해당 물질에 노출되는 업무에 종사하지 않게 된 후 3개월이 지난
    경우는 제외한다)되어 발생한 독성 간염. 다만, 약물, 알코올, 과체중,
    당뇨병 등 다른 원인으로 발생하거나 다른 질병이 원인이 되어 발생
    한 간염은 제외한다.

17. 보건의료 종사자에게 발생한 B형 간염, C형 간염, 매독 또는 후천성면
    역결핍증의 혈액전파성 질병

18. 근로자에게 건강장해를 일으킬 수 있는 습한 상태에서 하는 작업으로 발생한 렙토스피라증(leptospirosis)

19. 동물이나 그 사체, 짐승의 털·가죽, 그 밖의 동물성 물체를 취급하여 발생한 탄저, 단독(erysipelas) 또는 브루셀라증(brucellosis)

20. 오염된 냉각수로 발생한 레지오넬라증(legionellosis)

21. 고기압 또는 저기압에 노출되거나 중추신경계 산소 독성으로 발생한 건강장해, 감압병(잠수병) 또는 공기색전증(기포가 동맥이나 정맥을 따라 순환하다가 혈관을 막는 것)

22. 공기 중 산소농도가 부족한 장소에서 발생한 산소결핍증

23. 전리방사선(물질을 통과할 때 이온화를 일으키는 방사선)에 노출되어 발생한 급성 방사선증 또는 무형성 빈혈

24. 고열작업 또는 폭염에 노출되는 장소에서 하는 작업으로 발생한 심부 체온상승을 동반하는 열사병

법 제2조제4호가목의 시설 중 공중이용시설(제3조제1호 관련)

1. 모든 지하역사(출입통로·대합실·승강장 및 환승통로와 이에 딸린 시설을 포함한다)

2. 연면적 2천제곱미터 이상인 지하도상가(지상건물에 딸린 지하층의 시설을 포함한다. 이하 같다). 이 경우 연속되어 있는 둘 이상의 지하도상가의 연면적 합계가 2천 제곱미터 이상인 경우를 포함한다.

3. 철도역사의 시설 중 연면적 2천제곱미터 이상인 대합실

4. 「여객자동차 운수사업법」 제2조제5호의 여객자동차터미널 중 연면적 2천제곱미터 이상인 대합실

5. 「항만법」 제2조제5호의 항만시설 중 연면적 5천제곱미터 이상인 대합실

6. 「공항시설법」 제2조제7호의 공항시설 중 연면적 1천5백제곱미터 이상인 여객터미널

7. 「도서관법」 제2조제1호의 도서관 중 연면적 3천제곱미터 이상인 것

8. 「박물관 및 미술관 진흥법」 제2조제1호 및 제2호의 박물관 및 미술관 중 연면적 3천제곱미터 이상인 것

9. 「의료법」 제3조제2항의 의료기관 중 연면적 2천제곱미터 이상이거나 병상 수 100개 이상인 것

10. 「노인복지법」 제34조제1항제1호의 노인요양시설 중 연면적 1천제곱미터 이상인 것

11. 「영유아보육법」 제2조제3호의 어린이집 중 연면적 430제곱미터 이상

인 것

12. 「어린이놀이시설 안전관리법」 제2조제2호의 어린이놀이시설 중 연면적 430제곱미터 이상인 실내 어린이놀이시설

13. 「유통산업발전법」 제2조제3호의 대규모점포. 다만, 「전통시장 및 상점가 육성을 위한 특별법」 제2조제1호의 전통시장은 제외한다.

14. 「장사 등에 관한 법률」 제29조에 따른 장례식장 중 지하에 위치한 시설로서 연면적 1천제곱미터 이상인 것

15. 「전시산업발전법」 제2조제4호의 전시시설 중 옥내시설로서 연면적 2천제곱미터 이상인 것

16. 「건축법」 제2조제2항제14호의 업무시설 중 연면적 3천제곱미터 이상인 것. 다만, 「건축법 시행령」 별표 1 제14호나목2)의 오피스텔은 제외한다.

17. 「건축법」 제2조제2항에 따라 구분된 용도 중 둘 이상의 용도에 사용되는 건축물로서 연면적 2천제곱미터 이상인 것. 다만, 「건축법 시행령」 별표 1 제2호의 공동주택 또는 같은 표 제14호나목2)의 오피스텔이 포함된 경우는 제외한다.

18. 「공연법」 제2조제4호의 공연장 중 객석 수 1천석 이상인 실내 공연장

19. 「체육시설의 설치·이용에 관한 법률」 제2조제1호의 체육시설 중 관람석 수 1천석 이상인 실내 체육시설

비고: 둘 이상의 건축물로 이루어진 시설의 연면적은 개별 건축물의 연면적을 모두 합산한 면적으로 한다.

법 제2조제4호나목의 시설물 중 공중이용시설(제3조제2호 관련)

1. 교량		
가. 도로교량	1) 상부구조형식이 현수교, 사장교, 아치교 및 트러스교인 교량	
	2) 최대 경간장 50미터 이상의 교량	
	3) 연장 100미터 이상의 교량	
	4) 폭 6미터 이상이고 연장 100미터 이상인 복개구조물	
나. 철도교량	1) 고속철도 교량	
	2) 도시철도의 교량 및 고가교	
	3) 상부구조형식이 트러스교 및 아치교인 교량	
	4) 연장 100미터 이상의 교량	
2. 터널		
가. 도로터널	1) 연장 1천미터 이상의 터널	
	2) 3차로 이상의 터널	
	3) 터널구간이 연장 100미터 이상인 지하차도	
	4) 고속국도, 일반국도, 특별시도 및 광역시도의 터널	
	5) 연장 300미터 이상의 지방도, 시도, 군도 및 구도의 터널	
나. 철도터널	1) 고속철도 터널	
	2) 도시철도 터널	
	3) 연장 1천미터 이상의 터널	
	4) 특별시 또는 광역시에 있는 터널	
3. 항만		
가. 방파제, 파제 제(波除堤) 및 호안(護岸)	1) 연장 500미터 이상의 방파제	
	2) 연장 500미터 이상의 파제제	
	3) 방파제 기능을 하는 연장 500미터 이상의 호안	
나. 계류시설	1) 1만톤급 이상의 원유부이식 계류시설(부대시설인 해저송유 관을 포함한다)	
	2) 1만톤급 이상의 말뚝구조의 계류시설	
	3) 1만톤급 이상의 중력식 계류시설	

4. 댐	1) 다목적댐, 발전용댐, 홍수전용댐
	2) 지방상수도전용댐
	3) 총저수용량 1백만톤 이상의 용수전용댐
5. 건축물	1) 고속철도, 도시철도 및 광역철도 역 시설
	2) 16층 이상이거나 연면적 3만제곱미터 이상의 건축물
	3) 연면적 5천제곱미터 이상(각 용도별 시설의 합계를 말한다)의 문화·집회 시설, 종교시설, 판매시설, 운수시설 중 여객용 시설, 의료시설, 노유자시설, 수련시설, 운동시설, 숙박시설 중 관광숙박시설 및 관광휴게시설
6. 하천	
가. 하구둑	1) 하구둑
	2) 포용조수량 1천만톤 이상의 방조제
나. 제방	국가하천의 제방[부속시설인 통관(通管) 및 호안(護岸)을 포함한다]
다. 보	국가하천에 설치된 다기능 보
7. 상하수도	
가. 상수도	1) 광역상수도
	2) 공업용수도
	3) 지방상수도
나. 하수도	공공하수처리시설 중 1일 최대처리용량 500톤 이상인 시설
8. 옹벽 및 절토사면 (깎기비탈면)	1) 지면으로부터 노출된 높이가 5미터 이상인 부분의 합이 100미터 이상인 옹벽
	2) 지면으로부터 연직(鉛直)높이(옹벽이 있는 경우 옹벽 상단으로부터의 높이를 말한다) 30미터 이상을 포함한 절토부(땅깎기를 한 부분을 말한다)로서 단일 수평연장 100미터 이상인 절토사면

비고

1. "도로"란 「도로법」 제10조의 도로를 말한다.

2. 교량의 "최대 경간장"이란 한 경간(徑間)에서 상부구조의 교각과 교각의 중심선 간의 거리를 경간장으로 정의할 때, 교량의 경간장 중에서

최댓값을 말한다. 한 경간 교량에 대해서는 교량 양측 교대의 흉벽 사이를 교량 중심선에 따라 측정한 거리를 말한다.

3. 교량의 "연장"이란 교량 양측 교대의 흉벽 사이를 교량 중심선에 따라 측정한 거리를 말한다.

4. 도로교량의 "복개구조물"이란 하천 등을 복개하여 도로의 용도로 사용하는 모든 구조물을 말한다.

5. 터널 및 지하차도의 "연장"이란 각 본체 구간과 하나의 구조로 연결된 구간을 포함한 거리를 말한다.

6. "방파제, 파제제 및 호안"이란 「항만법」 제2조제5호가목2)의 외곽시설을 말한다.

7. "계류시설"이란 「항만법」 제2조제5호가목4)의 계류시설을 말한다.

8. "댐"이란 「저수지·댐의 안전관리 및 재해예방에 관한 법률」 제2조제1호의 저수지·댐을 말한다.

9. 위 표 제4호의 지방상수도전용댐과 용수전용댐이 위 표 제7호가목의 광역상수도·공업용수도 또는 지방상수도의 수원지시설에 해당하는 경우에는 위 표 제7호의 상하수도시설로 본다.

10. 위 표의 건축물에는 그 부대시설인 옹벽과 절토사면을 포함하며, 건축설비, 소방설비, 승강기설비 및 전기설비는 포함하지 않는다.

11. 건축물의 연면적은 지하층을 포함한 동별로 계산한다. 다만, 2동 이상의 건축물이 하나의 구조로 연결된 경우와 둘 이상의 지하도상가가 연속되어 있는 경우에는 연면적의 합계로 한다.

12. 건축물의 층수에는 필로티나 그 밖에 이와 비슷한 구조로 된 층을 포함한다.

13. "건축물"은 「건축법 시행령」 별표 1에서 정한 용도별 분류를 따른다.

14. "운수시설 중 여객용 시설"이란 「건축법 시행령」 별표 1 제8호의 운수시설 중 여객자동차터미널, 일반철도역사, 공항청사, 항만여객터미널을 말한다.

15. "철도 역 시설"이란 「철도의 건설 및 철도시설 유지관리에 관한 법률」 제2조제6호가목의 역 시설(물류시설은 제외한다)을 말한다. 다만, 선하역사(시설이 선로 아래 설치되는 역사를 말한다)의 선로구간은 연속되는 교량시설물에 포함하고, 지하역사의 선로구간은 연속되는 터널시설물에 포함한다.

16. 하천시설물이 행정구역 경계에 있는 경우 상위 행정구역에 위치한 것으로 한다.

17. "포용조수량"이란 최고 만조(滿潮) 시 간척지에 유입될 조수(潮水)의 양을 말한다.

18. "방조제"란 「공유수면 관리 및 매립에 관한 법률」 제37조, 「농어촌정비법」 제2조제6호, 「방조제 관리법」 제2조제1호 및 「산업입지 및 개발에 관한 법률」 제20조제1항에 따라 설치한 방조제를 말한다.

19. 하천의 "통관"이란 제방을 관통하여 설치한 원형 단면의 문짝을 가진 구조물을 말한다.

20. 하천의 "다기능 보"란 용수 확보, 소수력 발전이나 도로(하천을 횡단하는 것으로 한정한다) 등 두 가지 이상의 기능을 갖는 보를 말한다.

21. 위 표 제7호의 상하수도의 광역상수도, 공업용수도 및 지방상수도에는 수원지시설, 도수관로·송수관로(터널을 포함한다) 및 취수시설을 포함하고, 정수장, 취수·가압펌프장, 배수지, 배수관로 및 급수시설은 제외한다.

[별표 4]

과태료의 부과기준(제7조 관련)

1. 일반기준

　가. 위반행위의 횟수에 따른 과태료의 가중된 부과기준은 최근 1년간 같은 위반행위로 과태료 부과처분을 받은 경우에 적용한다. 이 경우 기간의 계산은 위반행위에 대해 과태료 부과처분을 받은 날과 그 처분 후 다시 같은 위반행위를 하여 적발된 날을 기준으로 한다.

　나. 가목에 따라 가중된 부과처분을 하는 경우 가중처분의 적용 차수는 그 위반행위 전 부과처분 차수(가목에 따른 기간 내에 과태료 부과처분이 둘 이상 있었던 경우에는 높은 차수를 말한다)의 다음 차수로 한다.

　다. 부과권자는 다음의 어느 하나에 해당하는 경우에는 제3호의 개별기준에 따른 과태료(제2호에 따라 과태료 감경기준이 적용되는 사업 또는 사업장의 경우에는 같은 호에 따른 감경기준에 따라 산출한 금액을 말한다)의 2분의 1 범위에서 그 금액을 줄여 부과할 수 있다. 다만, 과태료를 체납하고 있는 위반행위자에 대해서는 그렇지 않다.

　　1) 위반행위자가 자연재해·화재 등으로 재산에 현저한 손실을 입었거나 사업여건의 악화로 사업이 중대한 위기에 처하는 등의 사정이 있는 경우

　　2) 위반행위가 사소한 부주의나 오류로 인한 것으로 인정되는 경우

　　3) 위반행위자가 법 위반상태를 시정하거나 해소하기 위해 노력한

것이 인정되는 경우

4) 그 밖에 위반행위의 정도, 위반행위의 동기와 그 결과 등을 고려하여 과태료 금액을 줄일 필요가 있다고 인정되는 경우

2. 사업·사업장의 규모나 공사 규모에 따른 과태료 감경기준

상시근로자 수가 50명 미만인 사업 또는 사업장이거나 공사금액이 50억원 미만인 건설공사의 사업 또는 사업장인 경우에는 제3호의 개별기준에도 불구하고 그 과태료의 2분의 1 범위에서 감경할 수 있다.

3. 개별기준

위반행위	근거 법조문	과태료		
		1차 위반	2차 위반	3차 이상 위반
법 제8조제1항을 위반하여 경영책임자등이 안전보건교육을 정당한 사유없이 이행하지 않은 경우	법 제8조 제2항	1천만원	3천만원	5천만원

제8조제3호에 따른 조치 대상 원료 또는 제조물(제8조제3호 관련)

1. 「고압가스 안전관리법」 제28조제2항제13호의 독성가스
2. 「농약관리법」 제2조제1호, 제1호의2, 제3호 및 제3호의2의 농약, 천연식물보호제, 원제(原劑) 및 농약활용기자재
3. 「마약류 관리에 관한 법률」 제2조제1호의 마약류
4. 「비료관리법」 제2조제2호 및 제3호의 보통비료 및 부산물비료
5. 「생활화학제품 및 살생물제의 안전관리에 관한 법률」 제3조제7호 및 제8호의 살생물물질 및 살생물제품
6. 「식품위생법」 제2조제1호, 제2호, 제4호 및 제5호의 식품, 식품첨가물, 기구 및 용기·포장
7. 「약사법」 제2조제4호의 의약품, 같은 조 제7호의 의약외품(醫藥外品) 및 같은 법 제85조제1항의 동물용 의약품·의약외품
8. 「원자력안전법」 제2조제5호의 방사성물질
9. 「의료기기법」 제2조제1항의 의료기기
10. 「총포·도검·화약류 등의 안전관리에 관한 법률」 제2조제3항의 화약류
11. 「화학물질관리법」 제2조제7호의 유해화학물질
12. 그 밖에 제1호부터 제11호까지의 규정에 준하는 것으로서 관계 중앙행정기관의 장이 정하여 고시하는 생명·신체에 해로운 원료 또는 제조물

참고 문헌

1. 고용노동부, 중대재해처벌법해설-중대산업재해(2021).

2. 고용노동부, 중대재해처벌법령 FAQ-중대산업재해부문(2022).

3. 고용노동부, 산업재해 예방을 위한 안전보건관리체계 가이드북(2021).

4. 고용노동부, 중대재해처벌법 시행령 제정안 주요내용 설명자료(2021).

5. 고용노동부, 경영책임자와 관리자가 알아야 할 중대재해처벌법 따라하기(2022).

6. 고용노동부, 중대재해처벌법 질의회시(2022).

7. 국민권익위원회 국민신문고, 중대재해처벌법 관련 질의회시(2021~2023).

8. 국회, 법제사법위원회 회의록(2020~2021).

9. 대검찰청, 중대재해처벌법 벌칙해설(2022).

10. 사법정책연구원, 중대재해 처벌 등에 관한 법률의 재판 실무상 쟁점(2022. 2).

11. 조재정, 『오너가 꼭 알아야 할 중대재해처벌법』, 좋은땅(2021).

중대재해처벌법
백문백답

ⓒ 법무법인YK 중대재해센터, 2023

초판 1쇄 발행 2023년 11월 3일

지은이	법무법인YK 중대재해센터
펴낸이	이기봉
편집	좋은땅 편집팀
펴낸곳	도서출판 좋은땅
주소	서울특별시 마포구 양화로12길 26 지월드빌딩 (서교동 395-7)
전화	02)374-8616~7
팩스	02)374-8614
이메일	gworldbook@naver.com
홈페이지	www.g-world.co.kr

ISBN   979-11-388-2450-7 (13360)